지금 나에게 답을 주는 고전 중의 고전
《경전의 힘》

_____ 님께

《경전의 힘》을 선물합니다.

부처님의 말씀으로 날마다 힘을 얻으시기를 바랍니다.

_____ 드림

경전의 힘

지금 나에게
답을 주는
고전 중의 고전

한 권으로 읽는
경　　　전

정운 편역

담앤북스

머리말

"삶이 그대를 속일지라도 슬퍼하거나 노여워하지 말라."
러시아의 문호, 푸시킨의 시 구절이다. 우리네 삶이 바람[願]과는 반대 방향으로 흘러가기에 푸시킨은 저 시를 읊었으리라. 불교에서는 이 세계를 '사바'라고 한다. 사바세계란 인간으로서의 삶이 힘들기에 참고 감내하며 살아야 한다는 의미를 담고 있다. 어떠한 변수가 생길지 모르기에 인생은 늘 불안의 연속이다. 동서고금을 막론하고 사람들은 살면서 좌절할 때가 많다. 대인 관계에서도 의도치 않게 상대에게 상처를 줄 수도 있고, 상대로부터 상처를 받는 등 스트레스가 적지 않다.
기원전 6세기, 석가모니 부처님은 인간으로 태어나 수행을 통해 성자가 되신 분이다. 곧 부처님은 인간의 삶을 처절하게 겪은 분이기에 인간으로서 참된 길이 무엇인지, 최선의 삶이 어떤 것인지, 대인 관계에서는 어떠해야 하는지를 우리에게 알려 주셨다. 독자님들이 살아가면서 삶의 좌표를 잃었거나 고난에 처했을 때, 경전 한 구절이 인생의 등불이 되어 살아갈 힘[力]을 실어 줄 거라고 본다. 출판사에서 '주제별로 모은 경전 모음집'을 제안했을 때, 필자는 망설이지 않았다. 출판은 쉽지 않은 일. 심사숙고해야 하지만 작은 책자가 많은 이들에게 위로가 되고 희망이 될 거라는 믿음이 있어서다. 지면을 통해 만나는 독자님들께서 불조(佛祖)의 말씀을 통해 행복한 삶으로 거듭나기를 간절히 소망한다. 나무아미타불.

2018년 가을 문턱에서
개웅산 니련선하원, 정운

목차

머리말 · 4

1장 나 자신을 돌보고 살피다

고독, 자립

무소의 뿔처럼 홀로 가라 · 26
코끼리가 홀로 숲속을 거닐듯 · 27

현재의 소중함

과거는 지나갔고 미래는 오지 않은 것 · 28
부처님의 얼굴빛이 환한 이유 · 29
집착도 염려도 없이 · 30
후회 없이 사랑하라 · 31
항상 지금 여기에서 · 32
지금이 가장 좋은 때 · 33

도전, 성취

보보시도량 · 34
백척간두진일보 · 35

자유

무엇에도 걸림 없이 · 36

자유인 • 37
흐르는 물과 구름처럼 • 38
어떤 장애를 만나더라도 • 39

자아성찰

녹이 쇠를 갉아먹듯 • 40
악과 과보 • 41
먼저 자신부터 살피라 • 42
당신이나 잘하시오 • 43
가장 수승한 자 • 44
자기를 의지하라 • 45
자기 자신이 귀의처다 • 46
하루 세 번의 관조 • 47
남의 잘못을 보기 전에 • 48
내 마음이 주는 피해가 더 크다 • 49
올바른지, 그릇된지 • 50
사자신중충 • 51
발밑부터 살피라 • 52
몸에 병 없기를 바라지 말라 • 53
술의 허물 • 54, 55

2장 타인과 어떻게 인연 맺을 것인가

인간관계

미움 속에 살면서도 미워하지 않고 • 58
오면 오는 대로, 가면 가는 대로 • 59
수행자를 만나는 것 • 60
사람을 소중히 여겨라 • 61
세상에서 가장 무서운 벌, 무관심 • 62
빈부귀천, 남녀노소를 막론하고 • 63

친구

좋은 친구란 • 64~69
나쁜 친구란 • 70~73

부모, 자녀

부모를 대할 때 • 74~76
자녀를 대할 때 • 77

부부

남편은 아내에게 • 78
아내는 남편에게 • 79

친지

친지를 대할 때 • 80, 81

화합과 바른 다스림

지도자의 덕목 • 82
백성이 괴로움을 받는 이유 • 83
나라가 번영하는 길 • 84~87

3장 감로와 독약이 혀 안에 있다

말조심

입속의 도끼 • 90
입은 마음의 표현이니 • 91
남의 거친 말도 • 92
말이 많으면 • 93
선하게 말하는 것이 제일이니 • 94
고의를 품지 말라 • 95

구설수, 비난, 소문

비방을 받을 때 • 96
비난과 칭찬 • 97
남을 비방하는 결과 • 98
근거 없는 비난을 믿으면 • 99
남을 미워하는 것은 스스로를 미워하는 행위 • 100
그대의 꾸짖고 힐난함은 그대의 것 • 101

불평과 불만의 습관 • 102
억울한 일을 당했을 때 • 103

거짓말

자신을 속일 뿐만 아니라 • 104
그의 혀는 곧 지옥이며 • 105
거짓말을 하면 • 106
신뢰를 얻으려면 • 107
감로와 독약이 혀 안에 있다 • 108
불자가 삼갈 네 가지 • 109
부처님의 아들, 라후라의 장난 • 110, 111
거울에 비춰 보듯 • 112, 113

조언, 충고

남에게 충고할 때는 • 114
남의 죄를 들추더라도 • 115
충고를 들을 때는 • 116
연어가책 • 117
이렇게 이끌어야 한다 • 118
언쟁이 일어났을 때 • 119

4장 집착을 내려놓다

탐욕, 성냄, 어리석음

네 가지 독화살 · 122
늙음과 병, 죽음을 가져오나니 · 123
탐·진·치를 극복하는 방법 · 124
탐·진·치와 두려움이 없다면 · 125

탐욕이 만들어 내는 고통

채우고 싶어 애달파하는 사람 · 126
덧없고 사라지고 변한다 · 127
마음을 잘 거두고 살피라 · 128
탐욕만큼 생기는 것 · 129
만족을 모른다 · 130
지혜로운 사람이 탐하지 않는 것 · 131
끝내 충족되지 않는다 · 132, 133
왕과 왕이 다투고 수행자와 수행자가 다투며 · 134
배에 스며든 물을 퍼내듯 · 135

소유만큼 생기는 근심

건너가야 할 저쪽 언덕도 없고 · 136
그 물건 때문에 · 137
내 것 · 138

소유하거나 집착 부리지 않는 것 · 139
소유지족 · 140
자식이 있으면 자식 때문에 · 141

부, 재산

재물로 인한 고통 · 142, 143
칼날에 묻은 꿀 · 144
하늘에서 칠보가 쏟아진다 해도 · 145
분에 넘치게 바라지 말라 · 146
가장 큰 보배 · 147

사랑, 애증, 질투

애증의 부작용 · 148
사랑 때문에 근심이 생기고 · 149
애욕만큼 심한 것은 없다 · 150
사랑과 미움은 어디서 생겨납니까 · 151

분노, 화

부처님께 욕을 퍼부은 청년 · 152
성내는 마음을 일으키면 · 153
성 안 내는 그 얼굴이 · 154
화가 주는 피해 · 155
불을 끄는 것부터 생각하라 · 156
화를 가라앉히면 · 157, 158

분노를 분노로 갚지 않는다면 • 159
마음을 고요히 하라 • 160
안락하고 행복하게 사는 방법 • 161

어리석음, 지혜

현자와 우자의 차이 • 162~167

5장 바위 같은 평온을 얻다

휘둘리지 않는 삶

그 어떤 일에도 • 170
큰 바위가 바람에 흔들리지 않듯 • 171
더할 나위 없는 행복 • 172
연꽃잎에 물이 묻지 않는 것처럼 • 173
미워하지도 좋아하지도 않는다 • 174
승패는 인생 다반사 • 175
새벽이면 각기 흩어지듯이 • 176
인연 다하면 없어진다 • 177
행복과 불행은 늘 함께한다 • 178
곤란 없기를 바라지 말라 • 179
느슨하지도 않고 팽팽하지도 않게 • 180, 181
산처럼, 바다처럼 • 182
팔풍이 불어도 • 183

6장 진심으로 뉘우치고, 기꺼이 용서하라

인과응보

전생의 일을 알고자 하는가 · 186
이것이 있으므로 저것이 있고 · 187
지은 자가 받으리니 · 188
스스로 만든 것 · 189
남을 해치면 · 190
악한 사람이 행복한 이유 · 191
부처님이 보낸 다섯 천사 · 192, 193
남에게 고통을 주고도 행복하다면 · 194
알고 짓는 악행, 모르고 짓는 악행 · 195

뉘우침, 사과, 참회

참회의 의미 · 196
대신해 줄 수 없다 · 197
누구나 실수를 하지만 · 198
달이 구름 속에서 나오는 것처럼 · 199
환자가 병을 고치듯 · 200
참회란 이런 것이다 · 201

용서

원망을 쉬어야 원한이 풀어지니 · 202

마음에 새겨 두지 말라 • 203

목련 존자의 피살 • 204

부처님과 제바달다 • 205

남의 사과를 받아 주지 않는 것은 • 206

자비를 배우라 • 207

7장 베풀어서 행복해지다

무한한 자비심

살아 있는 모든 존재는 다 행복하라 • 210

어여삐 여겨야 한다 • 211

방생하라 • 212

웃따라의 자애 • 213

회향게 • 214

이기심과 베풂 • 215

가진 것 없이도 베푸는 방법 • 216, 217

보시가 주는 복 • 218

자비는 인연을 가리지 않으니 • 219

마음대로 가져가시오 • 220

여처하이작음량 • 221

나의 성불을 미루고 • 222

지옥이 다 비워지기 전에는 • 223

자기 한 몸만 위하지 말라 · 224
중생을 위해 살아가라 · 225

타인의 고통

농부를 기다린 부처님 · 226, 227
타인에게 공감하라 · 228
부처님 대신 개에게 공양한 여인 · 229

대가 없이, 보답 없이

걸인에게 보시할지라도 · 230
되갚음을 바라지 말고 · 231
보리심을 낸 보살은 어떻게 살아야 합니까 · 232
베풀었다는 생각조차 · 233

8장 아무도 해치지 말라, 누구도 차별하지 말라

생명의 가치는 동등하다

모든 생명은 폭력을 무서워하고 · 236
흙과 물은 나의 옛 몸, 불과 바람은 나의 본체 · 237
나약한 생명체에 무엇을 하느냐 · 238
자기를 사랑한다면 · 239
생명의 무게 · 240, 241

인권, 차별

천한 사람, 귀한 사람 • 242
행위로 평가하라 • 243
사람은 구별할 수 없다 • 244
부처님의 제자가 된 이발사 • 245
남녀 구별이 없고 • 246
모래의 무심 • 247

사상, 종교의 평등

가장 높고 바른 깨달음이란 • 248
여러 문이 있다 • 249

고정관념과 편견을 넘어

눈앞의 경계를 초월하라 • 250
꽃잎은 분별이 없건만 • 251
아침에는 신이 없고, 오후에는 신이 있고 • 252, 253

우리 모두는 부처가 될 수 있다

당신은 부처가 되실 분이기 때문입니다 • 254
집에 순금이 있는 줄 모르고 • 255
보물 창고를 집에 놔두고 • 256
스승과 오랑캐 • 257
일체중생이 다 불성을 가지고 있다 • 258~267

9장 죽음을 직시하라

병듦과 죽음 앞에서

삶과 죽음은 숨 하나 차이 · 270, 271
인생의 민낯 · 272
사랑하는 이의 죽음을 대할 때 · 273~275
젊은 사람도 · 276
믿지 못할 일 네 가지 · 277
괴로워할 것이 없다 · 278
물거품과 아지랑이 · 279
백골만 뒹굴 것이다 · 280
자식도 부모·형제도 믿을 것이 못 된다 · 281
임금의 수레도 언젠가는 부서지듯 · 282
오래 살려고 발버둥 쳐도 · 283
저 죽은 시체도 · 284
목숨은 정해져 있지 않다 · 285
육신에 병이 있을지라도 · 286
고통 없이 목숨을 마치는 방법 · 287
석가모니 부처님의 마지막 말씀 · 288
세존이시여, 주름이 심하십니다 · 289

10장 수행하고 정진하라

나는 누구인가

순치황제 출가시 · 292

본래면목 · 293

타사시적시수 · 294

어디에도 나는 없다 · 295

잘못 알고 있다 · 296

이뭣고 · 297

누구인가 · 298

누가 이 병을 받는가 · 299

마음이란

마음, 마음, 마음이여! · 300

마음에 따라 생겨나고 사라진다 · 301

모든 것은 마음에 근거하고 · 302

마음은 화가와 같아서 · 303

소가 물을 마시면 · 304

일수사견 · 305

마음이 곧 부처다 · 306

깃발과 바람 · 307

진리와 언설

말과 문자에 집착하지 않고 · 308
뗏목의 비유 · 309
단 한마디도 · 310
달을 가리키는 손가락 · 311

있는 그대로 보라

진리를 본다는 것은 · 312
구름은 하늘에 있고 · 313
산은 산이요 · 314
망상에 사로잡히지 않으면 · 315

실천의 중요성

마음으로 반조하지 않으면 · 316
삼척동자도 아는 일 · 317
목장의 주인과 같다 · 318
행이 따르지 않는다면 · 319
듣는 것만으로 알 수 없다 · 320
미혹한 사람, 지혜로운 사람 · 321

깨달음은 번뇌 속에 있다

사람 사는 세상에 불법 있으니 · 322
번뇌즉보리 생사즉열반 · 323

연꽃이 피어나는 곳 • 324
진흙이 많으면 불상이 커지고 • 325

청정 계율

계율을 어기는 사람은 • 326, 327
계율이 청정하면 • 328
무엇이 더 지키기 어려운가 • 329
어둠 속에서 빛을 만난 것처럼 • 330
여덟 분의 스승 • 331

처처안락국

나의 국토는 청정하지만 • 332
부처님 마음으로 세상을 보면 • 333
유심정토 • 334~337

11장 인내하는 자가 강한 자다

인내, 인욕

매경한고 • 340
위대한 서자 • 341
삶의 무게를 받아들여라 • 342
진정한 인내 • 343

만일 내가 저 사람과 다투면 • 344
가장 공을 들여야 하는 일 • 345
받아들이고 웃어 넘겨라 • 346
인내와 침묵 • 347
인욕은 좋은 약 • 348
마음의 힘이 강한 사람 • 349

부록 선사들의 말씀

주인공아! • 352
그렇다면 짊어지고 가거라 • 353
추우면 얼려 죽이고 • 354
그대의 마음을 가지고 오너라 • 355
누가 그대를 묶어 두었는가 • 356
오줌 좀 눠야겠다 • 357
불 속에서도 서늘하나니 • 358
봄을 찾아 다녀도 • 359
눈은 옆으로, 코는 세로로 • 360
마음이 지옥이고 극락이라네 • 361
누가 너고, 누가 나이더냐 • 362
향로봉에 올라 바라보니 • 363
무상의 소식 • 364, 365
모기야, 그만 탐내어라 • 366

죽을 때는 온몸으로 죽어라 • 367
삶과 죽음이란 한 조각 구름 • 368
복은 근심할 때 있다 • 369
세력을 다 부리지 말라 • 370
큰 그릇과 작은 그릇 • 371
알음알이를 내지 말라 • 372
비가 오지 않아도 꽃은 지고 • 373
때리면 스스로 쓰려져 버리네 • 374, 375
그 외 다른 부처가 없다 • 376
인생에서 돌아갈 곳 • 377
지조와 진심 • 378
산속도 시끄럽다 • 379
마음에 적합한 환경 • 380
뼈저리게 경험하지 않고서는 • 381
내일과 죽음 • 382
무슨 손해 볼 일인가 • 383
무상함을 깊이 들여다본다면 • 384
종교란 무엇인가 • 385

후기 • 386
참고문헌, 미주 • 387

걱정_ 건강_ 고독_ 과거_ 관조_ 근심_ 무심_ 미래_ 변화_ 성찰_ 성취_ 술_ 여기_
염려_ 외로움_ 자기_ 자신_ 자아_ 자유_ 장애_ 지금_ 집착_ 현재_

1장

나 자신을
돌보고
살피다

사유롭이 살아가라.
큰 코끼리가 홀로 숲속을 거닐듯이.

고독, 자립

큰 소리에 놀라지 않는 사자와 같이, 그물에 걸리지 않는 바람같이, 물에 젖지 않는 연꽃같이, 저 광야에 외로이 걷는 무소의 뿔처럼 홀로 가라.*

_《숫타니파타》

---

* 우리나라에서는 1990년대에 소설 제목으로 쓰이면서 유명해진 구절로서, 19대 대통령인 문재인 대통령 역시 가장 좋아하는 경전 구절로 꼽은 바 있다.

❁

진실되고 지혜로우며 덕 높은 벗을 만난다면 그와 함께 즐겁게 살며, 수행을 잘해서 삶의 모든 위험으로부터 벗어날 것이다. 그러나 혹 진실하고 덕 높은 벗을 만나지 못했다면 마치 왕이 한 번 점령한 땅을 미련 없이 포기하듯 홀로 자유로이 살아가라. 큰 코끼리가 홀로 숲속을 거닐듯이.*

_《빨리 법구경》

---

* 이 구절은 일본 애니메이션 〈공각기동대2: 이노센스〉에서 "고독 속을 걸으며 악을 행하지 않고 바라는 것도 없이, 숲속의 코끼리처럼."이라는 대사로 변용되었다.

현재의 소중함

❀

과거를 좇지 말고 아직 오지 않은 미래를 염려하지 말라. 과거는 이미 지나갔고 미래는 아직 오지 않은 것. 오로지 현재 일어난 것들을 관찰하라. 어떤 것에도 흔들리지 말고 그것을 추구하고 실천하라.

_《중아함경》

❀

어느 날 잘생긴 천신이 부처님을 찾아왔다. 그런데 한 광명의 빛줄기가 기수급고독원에 두루 비치면서 주위가 밝게 빛났다. 천신은 부처님께 여쭈었다.

"승려들은 대중과 떨어져 고요한 숲속에 머물면서 홀로 청정하게 수행하며 하루 한 끼만을 먹는데 무슨 인연으로 얼굴이 환하십니까?"

부처님께서 답하셨다.

"지나간 일에 근심하거나 걱정하지 않고, 앞으로 생기지도 않은 일에 마음 쓰지 않으며 현재에 자각하는 그대로, 있는 그대로 바른 지혜로 마음[sati, 正念]을 유지한다. 그리고 먹는 것에도 집착하지 않기 때문에 얼굴빛이 환한 것이다. 미래 일에 마음을 치달리거나 지나간 일을 돌아보고 근심하며 자신을 괴롭히는 것은 어리석음이라는 불로 스스로를 태우는 것이요, 마치 우박이 초목을 때리는 것과 같다."

_《잡아함경》

과거에 있었던 번뇌로운 일들에 집착하지 말라. 미래에 일어날 일에 있어서도 염려하지 말라. 현 즉금에도 그대가 어떤 것에 집착하지 않는다면 그대는 평온을 찾은 사람이다.

_《숫타니파타》

수천의 생을 반복한다 해도 사랑하는 사람과 다시 만난다는 것은 드문 일이다. 지금 후회 없이 사랑하라. 사랑할 시간은 그리 많지 않다.

_《입보리행론》

지나간 일을 생각하지 말고, 항상 지금 여기에서 자기의 일을 생각하라.

_《육조단경》

바로 지금, 여기일 뿐 다른 더 좋은 시절은 없다.*

_《임제록》

---

* 즉시현금卽時現今 갱부시절更無時節. 임제 선사(?~866, 당나라)의 법어이다.

도전, 성취

걸음걸음이 곧 도량.*

_《선림유취》

---

* 보보시도량步步是道場. '우리들 걷는 한 걸음 한 걸음, 말 한마디, 행동 하나하나가 수행 아닌 것이 없다.'라는 뜻으로, 무엇을 하든 최선을 다하라는 의미를 담고 있다.

백 자 장대 끝에서 한 걸음 더 나아가야 시방세계가 온통 한 몸이니라.*

_《전등록》,《무문관》

---

* 백척간두진일보百尺竿頭進一步 시방세계현전신十方世界現全身. 원래 뜻은 '수행해서 한 발 더 나아가라.'로서, 수행해 마친 뒤 깨달음을 얻었다면 중생을 제도하라는 말이다. 후대에는 '할 수 있는 일을 다하였어도 더욱 노력하라. 그러면 새로운 세계가 그 모습을 보이리라.'라는 의미로 쓰이기도 한다.

자유

❧

만약 부처의 경계를 알고자 한다면 그 마음을 허공처럼 맑게 하라. 모든 망상과 삿된 견해를 멀리 여의고, 마음 가는 곳마다 걸림이 없게 하라.

_《화엄경》

❦

과거에도 머물지 말고, 미래·현재에도 머물지 말라. 과거·현재·미래, 어디에도 걸림이 없다면 생사生死*의 고통을 받지 않는 자유인이다.

_《법구경》

---

* 생사에 관한 해석은 경전 구절마다 조금씩 다른데, 여기서는 번뇌로 해석한다.

❀

대나무가 빽빽하게 서 있어도 물의 흐름을 방해하지 않고,
산이 높이 솟아 있어도 뜬 구름의 흐름을 장애하지 않는다.*

_《전등록》

---

* 죽밀불방류수과竹密不妨流水過 산고기애백운비山高豈碍白雲飛. 대나무와 산, 흐르는 물과 구름처럼 걸림 없이 무애하고 무심의 경지에 오른 삶에 대해 말하고 있다.

❀

어떤 경계를 만나도 물처럼 무심하면 어떤 일이든 사람이든 간에 걸림이 없을 것이다.*

_《조당집》

---

* 촉경단사수무심觸境但似水無心, 재세종횡유하사在世縱橫有何事.

자아성찰

쇠 스스로에서 생긴 녹이 쇠를 갉아먹듯이 자신에게서 만들어진 악행이 자신을 망친다.

_《법구경》

❀

자신이 지은 악은 자신이 과보를 받는다. 자신이 지은 죄로 인해 자기를 파괴하나니 이것은 마치 금강석이 보석을 부수는 것과 같다.

_《법구경》

먼저 자신부터 살피고 남을 평가하라. 옳고 그름을 제대로 판단할 줄 안 다음, 남을 가르치고 평하라.

_《법구경》

부처님께서 우바리에게 말씀하셨다.

"그대들은 남의 죄를 자주 드러내지 말라. 자신의 몸과 입이 깨끗하지 못하면서 남의 죄를 자꾸 들추는 자가 있다면, 곧 상대방은 '당신이나 잘하시오!'라고 대꾸할 것이다. 우바리여, 먼저 자신이 깨끗하면 상대방도 반드시 대꾸하지 못할 것이다."

_《사분율》

❧

먼저 자기 몸을 바로 하고 난 뒤에 남을 바로잡아라. 자기를 바로 한 사람을 '가장 수승한 자'라고 일컫는다.

_《출요경》

비구들은 자기를 섬으로 삼아 자기를 의지하라. 법을 섬으로 삼아 법을 의지하라. 다른 것을 섬으로 삼지 말고, 다른 것을 의지하지 말라.

_《잡아함경》

자기 자신을 주인으로 삼고, 자기 자신을 귀의처로 삼아라. 조련사가 말을 잘 다루듯이 자신을 잘 다스려라.

_《법구경》

❀

자신을 사랑한다면 자기 자신에 대해 늘 살펴라. 지혜 있는 사람은 하루 세 번 자신을 관조觀照한다.

_《법구경》

남이 저지른 잘못이나 그릇된 행실을 보지 말고, 내가 저지른 잘못이나 그릇된 행위를 살펴보아라. 이렇게만 한다면 상대방에 대한 다툼이 소멸되고 근심이 사라진다.

_《법구경》

적이 나에게 주는 피해보다, 또 원수가 나에게 주는 피해보다 자신의 그릇된 마음으로 인해 발생하는 피해가 훨씬 크다. 부모님이 어떤 이익을 주더라도, 또 친척들이 내게 이로운 것을 베풀지라도 자신의 바른 마음으로 인해 생기는 행복이 훨씬 크다.

_《법구경》

❦

남의 그릇됨이나 잘못된 행실을 탓하지 말고, 먼저 자신이 올바른지, 그릇된지를 살펴라.

_《법구경》

사자의 몸에서 생겨난 벌레가 사자의 살을 파먹어 간다.*

_《연화면경》

---

* 사자신중충獅子身中蟲. 외부가 아니라 자기 자신의 내부에서 생겨난 작은 적에 의해 무너진다는 뜻이다.

❀

5조 법연은 어느 날 세 제자들과 함께 출타했다가 늦은 밤길을 걷게 되었다. 그런데 갑자기 바람이 불어와 초롱불이 꺼져 앞을 전혀 볼 수 없었다. 법연은 제자들에게 물었다.
"이럴 때는 어떻게 해야 하느냐? 각자 생각나는 대로 말해 보아라."
스승의 질문에 당황한 두 제자는 어물거리며 답변을 했고, 마지막으로 원오 극근*이 대답했다.
"조고각하照顧脚下, 발밑을 살펴보아야 합니다."

_《전등록》

---

* 원오 극근 선사(1063~1135, 송나라).

몸에 병 없기를 바라지 말라. 몸에 병이 없으면 탐욕이 생긴다. 그래서 성인은 "병고로써 양약을 삼으라."라고 말씀하셨다.

_《선문일송》〈보왕삼매론〉

"술 마시는 것이 죄업이 되는가?"
"죄업이 되지 않는다. 하지만 술은 죄를 짓게 만드는 원인이 된다. 만일 사람이 술을 마시면 좋지 않은 행동을 하게 되어 선업善業을 가로막는다. 마치 과일 나무를 여럿 심으려면 반드시 담장을 세워 과일이 다른 곳으로 떨어지는 것을 막는 것처럼, 술의 허물은 담장이 없는 것과 같다."

_《법원주림》

❀

술에 빠져 있으면 여섯 가지 손실이 있다. 즉 재물이 점차 없어지고, 다른 사람과 다투게 되며, 병이 들고, 나쁜 명예를 얻으며, 자주 화를 낼 원인이 되고, 지혜가 점차 줄어든다. 혹 술 마시는 일을 그치지 않는다면 그 집은 점차 패망할 것이다.

_《육방예경》

가족_ 관계_ 나라_ 나쁜 친구_ 남편_ 도반_ 만민_ 미움_ 배신_
백성_ 번영_ 벗_ 부모_ 선지식_ 스승_ 아내_ 악지식_ 우정_ 이익_
인연_ 자식_ 좋은 친구_ 증오_ 지도자_ 친구_ 친척_

2장

타인과
어떻게
인연 맺을 것인가

미움 속에 살면서도 미워하지 않고,
증오해야 할 사람들 속에서도 증오 없이

인간관계

우리 모두 행복하게 살자. 서로 미움 속에 살면서도 미워하지 않고, 증오해야 할 사람들 속에서도 증오 없이 우리 자유롭게 살아가자.

_《법구경》

오는 자를 막지 말고 가는 자를 말리지 말라. 가는 것은 가도록 두고, 오는 것은 저절로 오게 두어라.*

_《전등록》

---

* 《무문관》에 "자연법이自然法爾"라는 말이 있다. '저절로' '흐름 그대로' '있는 모습 그대로' '있는 그대로가 곧 진실·진리인 것'이라는 의미로 해석될 수 있다.

삶의 고난에 인욕하고 온순하며 수행자를 만나는 것. 선지식의 설법에 귀 기울여 듣고자 하는 것. 이것이 더할 나위없는 행복이다.

_《숫타니파타》

어느 장자는 죽어 가면서 아들인 선생善生에게 "목욕재계를 하고, 동서남북과 위아래 여섯 방향을 향해 예배하라."라는 유언을 남겼다. 이 선생은 아버지의 유언대로 매일 절을 했는데, 부처님께서 선생의 모습을 보시고 각 방향에 절을 하되 이렇게 의미를 부여하라고 말씀하셨다.

"동쪽을 향해서는 부모라고 생각하고, 남쪽은 스승, 서쪽은 아내와 자식, 북쪽은 친구, 위쪽은 사문이나 바라문, 아래쪽은 하인이라고 생각하고 모든 방위에 예경하고 공경히 절을 하면서 좋은 인간관계의 소중함을 염두에 두어라."

_《육방예경》

말을 조련하는 사람이 부처님을 찾아왔다. 부처님이 먼저 그에게 물었다.

"말을 길들이는 데는 몇 가지 방법이 있습니까?"

"세 가지가 있습니다. 첫째는 당근을 주어 가며 부드럽게 다루고, 둘째는 채찍을 사용해 엄격히 다루며, 셋째는 부드러움과 엄격함을 골고루 섞어서 다룹니다."

"혹 세 가지 방법으로 길들여지지 않는다면, 어떻게 합니까?"

"쓸모없는 말이니 죽입니다. 부처님은 몇 가지 방법으로 제자들을 지도하십니까?"

"나도 세 가지 방법으로 합니다."

"세 가지 방법으로 제자가 지도되지 않는다면, 어떻게 합니까?"

"나도 죽여 버립니다."

"어찌 존엄하신 부처님께서 사람을 죽이십니까?"

"내가 죽인다고 하는 것은 그와 말을 하지 않는 것이며, 제자들에게도 그에게 말 걸지 말라고 합니다."

_《잡아함경》

빈부귀천, 남녀노소를 막론하고 남을 속여서는 안 된다. 또 어디에서나 남을 업신여기거나 경멸해서도 안 된다. 괴롭히려는 의도를 가지고 상대방에게 화를 내거나 고통을 주지 말라.

_《숫타니파타》

친구

나를 낳아 준 사람은 부모이고, 나를 완성시켜 준 사람은 벗이다. 착한 사람을 가까이하는 사람은 마치 안개와 이슬 속을 걷는 것 같아서, 비록 당장 옷이 젖지는 않아도 점점 촉촉하게 젖는다. 한편 악한 사람과 친하게 지내는 사람은 나쁜 지견知見을 길러서 아침저녁으로 악한 짓을 함으로써 과보를 받게 되고 또다시 윤회를 한다.

한번 사람의 몸을 잃으면 영원히 다시 인간으로 태어나기 어려운 법. 좋은 말은 귀에 거슬리나, 어찌 마음에 새겨 두지 않을 수 있겠는가.

_《위산경책문》

아난이 부처님께 여쭈었다.

"세존이시여, 수행자에게 좋은 도반이 있으면 그 사람은 수행의 반을 완성한 것이 아닐까요?"

이에 부처님께서 고개를 저으며 말씀하셨다.

"아난아! 그렇지 않다. 좋은 벗이 있다는 것, 좋은 도반이 있다는 것, 좋은 사람들에게 둘러싸여 있다는 것은 수행의 전부를 완성한 것과 다름이 없느니라."

_《잡아함경》

아직 생기지 않은 선善한 일을 생기도록 하고, 이미 생겨난 선한 일을 거듭 발전시킬 수 있는 데는 바로 선지식·좋은 도반·좋은 사람과 함께하기 때문이다.

비구들이여, 선지식·좋은 도반·좋은 사람을 가까이하면 아직 생기지 않은 정견正見[진리와 삶에 대한 바른 안목]이 생기도록 해주고, 이미 갖고 있는 정견을 발전시킬 수 있도록 도와준다.

_《잡아함경》

좋은 벗이란

첫째, 그대가 잘못된 행동이나 말을 했을 때 일깨워 주는 친구,

둘째, 그대에게 좋은 일이 생겼을 때 마음속으로 함께 기뻐해 주는 친구,

셋째, 그대가 괴로움에 처했을 때 그대를 저버리지 않는 친구이다.

_《인과경》

승우勝友[훌륭한 벗]에 일곱 가지가 있다.

첫째, 그대가 고난을 만났을 때 저버리지 않는 친구,
둘째, 그대가 가난하다고 버리지 않는 친구,
셋째, 그대에게 자신의 어려운 일을 상의해 오는 친구,
넷째, 그대가 어려울 때 도와주는 친구,
다섯째, 그대가 하기 어려운 일을 함께해 주는 친구,
여섯째, 자신의 아끼던 물건을 아낌없이 주는 친구,
일곱째, 그대와 의견 충돌이 있거나 불편한 일을 겪을 때 능히 참는 친구이다.

_《사분율》

친구를 사귀되 내가 이롭기를 바라지 말라. 내가 이롭고자 하면 의리를 상하는 법이니, 그래서 성인이 말씀하시되 '순수한 마음으로 벗을 대하면 우정이 오래간다.'라고 하셨느니라.

_《선문일송》〈보왕삼매론〉

난폭하고 잔인하며 친구를 험담하고 배신하는 것, 오만하고 편견이 심하며 인색해서 남에게 베풀지 않는 것, 이런 행위가 비린 것이지 육식肉食이 비린 것이 아니다.

_《숫타니파타》

부끄러운 행동을 하고도 부끄러움을 느끼지 못하고 "나는 그대의 친한 친구다."라고 하면서 친구가 정작 어려운 일에 처했을 때 도와주지 않는 사람이라면 그런 사람은 친구가 아니니 가까이하지 말라.

_《숫타니파타》

악지식을 가까이하면 여섯 가지 좋지 않은 버릇이 생긴다. 수단을 써서 속이고, 어두운 곳을 좋아하며, 남의 집사람을 꾀어내고, 남의 물건을 탐하는 버릇이 생기며, 재물의 이익만을 따르고, 남의 허물을 드러낸다.

_《육방예경》

착한 척하면서 가까이하려는 자들이 있는데, 이들의 행동에 네 종류가 있다.

첫째, 두려워하는 척하면서 엎드리는 유형의 사람이다. 주었다가 나중에 빼앗는 사람, 조금 주고 많은 것을 바라는 사람, 두려워하면서도 억지로 친한 척하는 사람, 자신의 이익을 위해 친한 척하는 사람이다.

둘째, 말만 번지르르하게 하는 사람이다. 선악의 이중성을 갖고 자신의 의사가 분명치 않은 사람, 어려움이 있으면 내치는 사람, 겉으로 착한 척하면서 몰래 훼방 놓는 사람, 불이익이 생길 것 같으면 태도를 바꾸는 사람이다.

셋째, 공경하고 순종하는 척하는 사람이다. 이런 사람은 속이는 일을 밥 먹듯이 하고, 작은 허물에도 곧 매를 드는 사람이다.

넷째, 나쁜 짓만 함께 하는 벗이다. 술 마실 때만 친구라고 하는 사람, 도박할 때만 벗이 되는 사람, 음행을 함께 하자고 부추기는 사람, 노래나 춤 등 방탕한 일에만 친구 하는 사람이다.

_《육방예경》

부모, 자녀

만일 어떤 사람이 화상[뛰어난 스님]을 자기 집에 모시고 싶다면 부모를 잘 공양하고 효도하라. 그러면 화상이 그 집에 있을 것이다.

만일 아사리[승려를 교육하는 스님]를 자기 집에 모시고 싶다면 부모를 잘 공양하고 효도하라. 그러면 아사리가 곧 그 집에 머무를 것이다.

만일 여러 성현들과 부처님께 친근히 해서 공양 올리고 싶다면 부모를 잘 공양하고 효도하라. 그러면 여러 성현과 부처님이 곧 그 집에 머무를 것이다.

_《잡보장경》

부처님께서 사위성 기수급고독원에 계실 때 비구들에게 말씀하셨다.

"세상 사람 가운데 단 두 사람에게 많은 것을 베풀고 좋은 일을 하여도 은혜를 다 갚을 수 없다. 그 두 사람이란 바로 어머니와 아버지이다. 비구들이여, 가령 어떤 사람이 왼쪽 어깨에 아버지를 업고, 오른쪽 어깨에 어머니를 업고 다니면서 천만 년 동안 의복·음식 등으로 베풀고, 병이 났을 때 치료해 준다고 해도 은혜를 다 갚을 수 없다. 혹 부모가 노망으로 인해 그대의 어깨와 등에 대소변을 본다고 해도 은혜를 다 갚는 것이 아니다. 비구들이여, 반드시 알아야 한다. 부모의 은혜는 매우 위대하다. 우리들을 안아 길러 주셨고, 수시로 보살펴 시기를 놓치지 않고 병을 살펴 주셨기에 저 해와 달을 볼 수 있는 것이다. 이렇게 부모의 은혜가 막중하기 때문에 부모의 은혜 갚는 것은 참으로 어려운 일이다. 그러니 비구들이여, 너희들은 마땅히 부모에게 공양해야 할 것이요, 항상 효도하고 순종하여 그 시기를 놓치지 않아야 한다."

_《증일아함경》

내가 지금 이 하늘세계*에 태어나게 되었는데, 이는 부모에게 효도하였기 때문이다. 내가 원했던 대로 하늘세계의 즐거움을 누리고 있다.

_《별역잡아함경》

---

* 불교에서 말하는 하늘세계란 인간이 살고 있는 세상보다 행복한 세계를 말한다. 이는 불교 사상이기보다는 인도의 기본적인 사상이다. 석가모니 부처님도 인도의 전통 사상을 받아들여 재가자들에게 법을 설할 때 천계天界를 자주 언급하였다.

어리석은 사람은 '이 아이는 내 자식이다.' '이것은 내 재산이다.'라고 애착을 갖고 근심·걱정한다. 그 자신조차 자신의 것이 되지 못하거늘 어찌 하물며 자식과 재산을 소유하고자 집착하는가.

_《법구경》

부부

장자의 아들이여, 남편은 다음의 다섯 가지 경우로 서쪽 방향인 아내를 섬겨야 한다. 존중해 주고, 얕보지 않으며, 삿된 음행을 하지 않고, 권한을 넘겨주며, 장신구를 사 준다. 장자의 아들이여, 이와 같이 남편은 서쪽 방향인 아내를 섬긴다.

_《디가니까야》

장자의 아들이여, 그러면 아내는 다시 다음의 다섯 가지 경우로 남편을 사랑으로 돌본다. 맡은 일을 잘 처리하고, 주위 사람들을 잘 챙기며, 삿된 음행을 하지 않고, 가산을 잘 보호하며, 모든 맡은 일에 숙련되고 게을리하지 않는다.

장자의 아들이여, 이러한 다섯 가지 경우로 남편은 서쪽 방향인 아내를 섬기고 아내는 다시 이러한 다섯 가지 경우로 남편을 사랑으로 돌본다. 이렇게 해서 서쪽 방향은 감싸지게 되고 안전하게 되고 두려움이 없게 된다.

_《디가니까야》

친지

친족을 대할 때는 친근한 마음을 가지고 공경해야 한다. 어려울 때 베풀어 주고, 좋은 말을 건네며, 상대방에게 이롭도록 도와주고, 이익을 베풂에 한결같으며, 속이지 않아야 한다.

_《육방예경》

친족에게 베풀고 올바르게 행동하는 것, 비난받을 만한 행동을 하지 않는 것. 이것이 더할 나위없는 행복이다.

_《숫타니파타》

화합과 바른 다스림

한 나라의 국왕은 다리[橋]와 같이 만민을 제도해야 하고, 저울과 같이 친소親疎에 평등해야 하며, 길과 같이 성현의 자취에 어긋나지 않아야 한다. 또 국왕은 해와 같이 온 세상을 두루두루 비춰야 하고, 달과 같이 모든 것에 맑고 시원한 것을 주어야 한다. 부모가 자식을 사랑하듯이 백성을 사랑하고 가엾이 여겨야 하고, 하늘과 같이 일체를 덮어 주어야 한다. 또 땅이 만물에 자양분을 제공하듯이 백성에게 (복지를) 제공하고, 불과 같이 만민을 위해 나쁘고 근심되는 것을 태워야 하며 물과 같이 사방을 윤택하게 해야 한다.

_《잡보장경》

백성이 괴로움을 받는 것은 왕의 법이 바르지 못한 데 있다. 백성 모두 즐거움을 누리는 것은 왕의 법이 바른 데 있다. 그러므로 왕이 바른 법을 행하면 백성도 모두 편안하다.*

_《증일아함경》

---

* 2016년 11월, 국정농단 사태에 대한 시국 선언이 전국적으로 일어난 가운데 시민 불교 단체에서 인용한 구절이다.

부처님께서 마가다국 영취산에 머물고 계실 때의 일이다. 당시 마가다국의 아사세왕은 밧지족을 정벌하려는 야망을 가지고 있었다. 아사세왕은 신하 밧사까라 바라문을 보내 부처님께 어떻게 하면 밧지족을 멸할 수 있는지를 여쭤보라고 하였다. 바라문은 부처님이 머물고 있는 영취산으로 와서 어떻게 하면 전쟁에서 성공할 수 있는지를 물었다. 부처님께서는 바라문에게 직접 답하지 않고, 뒤에 있던 아난에게 물으셨다.

"아난아, 밧지족 사람들은 자주 회의를 열고 회의에 사람들이 많이 참석하는가?"

"예 세존이시여, 밧지족 사람들은 자주 모임을 갖고 많은 사람들이 회의에 참석한다고 합니다."

"아난아, 그런 밧지족에게는 번영이 있을 뿐 절대 멸하지 않을 것이다."

"아난아, 밧지족 사람들은 함께 모였을 때나 헤어질 때도 뜻이 잘 맞고, 밧지족만의 행사에서도 서로 뜻을 모아 행사를 개최하는가?"

"예 세존이시여, 밧지족 사람들은 모였을 때나 헤어질 때 뜻이 잘 맞고, 일족一族의 행사에서도 모두가 뜻을 모아 잘 거행한다고 합니다."

"아난아, 뜻이 잘 맞는 종족이라면 발전과 번영이 있을 뿐 절대 쇠망하지 않을 것이다."

"아난아, 밧지족 사람들은 새로운 법을 쉽게 정하지 않고, 이미 정해져 있던 것을 쉽게 깨뜨리지 않으며, 예전에 정해져 있던 관습법에 따라 행동하는가?"

"예 세존이시여, 밧지족 사람들은 새로운 법을 쉽게 정하지 않고, 이미 정해져 있던 법을 없애지 않으며, 과거에 정해진 법을 지키는 사람들입니다."

"아난아, 그런 밧지족이라면 절대 쇠망하지 않고 발전과 번영이 있을 것이다."

"아난아, 밧지족 사람들은 나이든 어른들을 공경하고 어르신들 말을 잘 따르는가?"

"예 세존이시여, 밧지족 사람들은 나이든 노인들을 존중하고, 어르신들이 하는 말을 잘 따르고 있습니다."

"아난아, 일족의 어른을 공경하고 어른이 말을 잘 경청하는 밧지족은 절대 쇠망하지 않을 것이다."

"아난아, 밧지족 남자들은 부인에게 폭력을 가하지 않는다고 들었는데 그 말이 맞느냐?"

"예 세존이시여, 밧지족 남자들은 부인을 때리거나 함부로 하지 않는다고 들었습니다."

"아난아, 밧지족 남자들이 부인을 존중히 대한다면 그런 종족은 번영이 있을 뿐 절대 망하지 않을 것이다."

"아난아, 밧지족 사람들은 내외內外의 밧지족 조상의 사당을 존중하고 숭배하며 조상에게 공양 올리는 일을 아끼지 않는다고 들었는데 맞느냐?"

"예 세존이시여, 밧지족 사람들은 영지靈地를 존중하고 숭배하며 제사 의식을 통해 공양을 잘 하고 있다고 합니다."

"아난아, 그런 종족이라면 번영이 있을 뿐 절대 쇠망하지 않을 것이다."

"아난아, 밧지족 사람들은 아라한을 존경하고 성자에게 공양 올리며 다른 나라의 성자가 자기 나라를 찾아오면 그 성자를 존중하고 마음 편히 머물 수 있도록 정성을 기울이는가?"

"예 세존이시여, 밧지족 사람들은 성자를 존중하고 공경하는 종족입니다."

"아난아, 성자를 존중하고 공경할 줄 아는 밧지족이라면 나라가 번영할 뿐 절대 쇠망하지 않을 것이다."

_《대반열반경》

거짓말_ 구업_ 꾸짖음_ 대처_ 도끼_ 독사_ 말_ 모욕_
발설_ 불_ 불평_ 비난_ 비방_ 비판_ 삼업_ 소문_ 신구의_
신뢰_ 억울함_ 언쟁_ 욕설_ 입_ 진실_ 칭찬_ 칼날_ 혀_

3장

감로와 독약이
혀 안에 있다

님을 비방하면 입에서는 칼날이 돋아
구업으로 업보를 받아서 도리어 제 몸을 베고 다친다.

말조심

❈

사람이 세상을 살아갈 때, 도끼가 입속에 있다. 나쁜 말을 함으로 해서 스스로 자기 몸을 찍는다. 칭찬해야 할 사람을 헐뜯거나 그릇된 사람을 칭찬하는 사람은 결코 좋은 모습이 아니다.

_《별역잡아함경》

❊

입은 마음의 말을 표현함이니, 그대는 항상 선을 말해야 하며 법이 아닌 것은 입으로 발설하지 말라. 입은 마음을 드러내는 것이므로 그대는 바른 법을 생각하며, 법 아닌 것을 생각하지 말라. 마음은 또 몸을 말하는 것이므로 그대는 부지런히 정진할 것이요, 게으르지 말라. 이와 같이 그대는 마음[意]을 스스로 통제하고, 그대의 입[口]을 삼가며 그대의 몸[身]을 스스로 다스려야 한다.

_《법원주림》

❇

남의 허물을 보지 말라.
남이 했건 말았건 상관하지 말라.
다만, 자기의 허물과 게으름만 살펴라.
다른 이의 거친 말도 이미 했거나 하려는 남의 행위는 보지 말고, 이미 했거나 하려는 자신의 행위만 살펴라.

_《법구경》

❋

말이 많고 생각이 많으면 도道와 상응하지 못하고, 말이 끊어지고 생각이 끊어지면 통하지 못할 곳이 없다.

_《신심명》

❄

부처님께서 사위성 기원정사에 계실 때 비구들에게 말씀하셨다.

"선하게 말하는 것이 제일이니, 이는 곧 성인의 말이다. 험담하지 않고 사랑으로 말하는 것이 두 번째이고, 거짓 없이 진실하게 말하는 것이 세 번째이며, 여법如法하게 말하는 것이 네 번째이다."

이 말을 듣고 바기사라는 비구가 일어나 게송으로 찬탄하였다.

"말할 때 자기를 괴롭히지 않고 남 또한 해치지 않는 것이 선어善語이다. 부드럽고 사랑스러운 말로 남을 기쁘게 하고, 구업口業을 짓지 않아야 한다."

_《별역잡아함경》

고의로 선한 사람을 비방하지 말라.

_《범망경》

구설수, 비난, 소문

❋

세간에 남을 헐뜯고 비방하는 것은 예나 지금이나 꼭 같다. 곧, 사람은 서로서로 헐뜯고 비방한다. 말이 많아도 비방을 받고 말이 적어도 비방을 받으며 또한 적당히 말해도 비방을 받나니, 비방 받지 않는 사람은 한 사람도 없을 것이다.

_《법구경》

❋

예전이나 오늘날이나 미래에도 비방만 받는 사람, 칭찬만 받는 사람은 없을 것이다. 칭찬과 비방이란 하나의 속절없는 이름일 뿐이다.

_《법구경》

❉

어떤 사람이 남을 비방하면 입에서는 칼날이 돋아 구업으로 업보를 받아서 도리어 제 몸을 베고 다친다. 남을 비방해야 할 곳에 칭찬하고 칭찬해야 할 곳에 비방하면, 나쁘게 말한 허물이 매우 무겁다. 입의 허물[口業]이 무거우면 마음이 안온하지 못하다.

_《대루탄경》

근거 없는 비방에는 침묵하라.

_《잡아함경》

❉

부처님께서 말씀하셨다.

"어떤 사람이 '어디에 선한 사람이 있다.'라는 소문을 듣고 그대에게 와서 (그대를) 괴롭히고 힘들게 할지라도 참고 마음을 가라앉혀 (그에게) 성을 내거나 꾸짖지 말라. 그가 와서 그대를 꾸짖고 미워하는 것은 자기 스스로를 꾸짖고 미워하는 행위이다."

_《사십이장경》

✤

부처님께서 말씀하셨다.

"어떤 사람이 '내가 수행을 잘하고 중생들에게 자비를 베푼다.' 라는 말을 듣고 일부러 찾아와 나를 꾸짖고 욕설을 퍼부었다. 나는 그때 묵묵히 듣고 아무 말도 하지 않았다. 이윽고 그가 꾸짖기를 멈추자 그에게 물었다.

'당신이 갖고 있던 보석을 누군가에게 주었는데 그 누군가가 보석을 받지 않는다면 그 보석은 누구의 것입니까?' 그 사람은 '내 것입니다.'라고 대답했다. 내가 그때 그에게 말했다. '지금 그대가 나를 꾸짖고 욕하지만 내가 그 꾸짖음을 받지 않았으니 그대의 꾸짖고 힐난함은 바로 그대의 것입니다. 마치 메아리가 소리를 따르고 그림자가 형체를 따르는 것처럼, 결국 과보가 있을 것이니 반드시 악한 일을 삼가십시오.'"

_《사십이장경》

재가자들이 스님들께 법을 청했는데, 설법자들마다 조금씩 성향이 달랐다. 재가자들은 각각의 스님들께 불만스러워하며 부처님을 찾아갔다. 부처님께서 그들의 말을 경청한 뒤 이렇게 말씀하셨다.

"그대들은 남을 비방하고 불평하는 일을 습관적으로 하고 있구나. 이 세상의 어떤 사람이든 남의 비방을 듣지 않은 사람은 하나도 없을 것이다. 설령 한 나라의 황제나 부처일지라도 비방을 듣는다. 입장을 바꿔서 생각해 보아라. 그대들이 사람들로부터 비방을 듣는다면 어떻겠느냐? 이런 경우, 그대들이 비판받거나 비방을 듣더라도 그 말을 무시하여라. 하지만 상대방이 그대보다 훌륭한 사람이라고 생각되면, 그 비판을 참고 삼아 자신을 고칠지니라."

_《빨리 법구경》

❉

억울한 일을 당해서 밝히려고 하지 말라. 억울함을 밝히려고 하다 보면 분명히 원망하는 마음이 생기나니, 그래서 성인은 이런 말씀을 하셨다.
"억울함 당하는 것을 삶과 수행길의 방편문으로 삼으라."

_《선문일송》〈보왕삼매론〉

거짓말

❁

거짓말하는 사람은 자기 자신을 속일 뿐만 아니라 다른 사람까지도 속이는 것이다. 거짓말하는 사람은 남의 몸을 더럽게 하고, 마음과 입에 신뢰가 없어 그 자신조차 괴롭게 된다. 거짓말하는 사람은 온갖 선근善根을 잃어버리고 자기 자신을 어리석은 존재로 만들어 선행을 잃어버리게 한다. 거짓말하는 사람은 모든 악근惡根을 심음으로써 선업善業을 단절하게 된다.

_《법원주림》

❊

만약 누구든지 거짓말을 하면 그의 입안에 독사가 있고, 칼도 입속에서 자리 잡고 있으며, 불꽃도 입속에서 타오른다. 입속에 있는 독이 곧 진짜 독이요, 독사에게 있는 독은 진짜 독이 아니다. 입속의 독은 중생들을 칼로 베어 버리나니, 목숨을 마치고 나면 지옥에 떨어진다. 만약 누구든지 거짓말을 하면 그의 입안에서는 고름이 나오고, 그의 혀는 곧 지옥이며, 혀도 활활 타오르는 불과 같다.

_《법원주림》

❋

거짓말을 하면 곧 현생에서 과보를 받고, 이로 말미암아 걱정과 고통이 생긴다.

_《중아함경》

❋

거짓을 삼가고 진실한 말을 하여라. 이렇게만 하면 세상 사람들이 그대의 언행을 확인하지 않고 그대를 신뢰할 것이다.

_《정법염처경》

❈

감로와 독약은 모두 사람의 혀 안에 있다. 감로는 곧 진실한 말이요, 거짓말은 독약이다. 만약 누구든 감로가 필요하다면 진실한 말을 하라. 혹 독약이 필요하다면 거짓말을 일삼아라. 독약은 반드시 사람을 죽이지 못하지만, 거짓말은 반드시 사람을 죽일 수 있다. 거짓말은 자기 자신에게도 이롭지 못할 뿐만 아니라 다른 사람에게도 이롭지 못하다. 자신과 상대방 모두 즐겁지 않거늘 무엇 때문에 거짓말을 하는가!

_《정법염처경》

❇

불자로서 꼭 삼가야 할 네 가지가 있다. 보지 않은 것을 보았다고 말하고, 듣지 않은 것을 들었다고 말하며, 깨달음에 이르지 못했으면서 깨달았다고 말하고, 알지 못하면서 잘 안다고 하는 것이다. 그러니 불자들은 진실대로만 말해야 한다.

_《장아함경》

✳

부처님의 아들, 라후라는 일곱 살 어린 나이에 출가한 탓인지 승원 생활이 어렵고 지루했다. 이때 라후라는 거짓말로 어른들을 골탕 먹이는 일을 재미 삼기 시작했다. 어느 수행자가 찾아와 "부처님이 어디 계시냐?"라고 물으면 부처님이 동쪽에 머물고 있는데도 라후라는 재미 삼아 "서쪽에 계신다."라고 거짓말하였고, 부처님이 북쪽에 계시는데도 "남쪽에 계신다."라고 거짓말하였다.

어느 날 부처님께서 탁발 공양을 다녀오자, 라후라는 평소대로 대야에 물을 떠 와 부처님 발을 씻겨 드렸다. 라후라가 부처님 발을 다 씻겨 드리자 부처님께서는 대야의 물을 조금 쏟아 버린 뒤 라후라에게 말씀하셨다.

"이 대야의 쏟고 남은 물을 보았느냐?"

"보았습니다, 세존이시여."

"네가 수행하지 않고 게으름 피우는 것도 바로 이와 같다. 이미 알고 있으면서 거짓말하고 부끄러워하지도 않으며 반성하지 않는 것이다. 그러한 거짓말은 삼가야 한다. 또한 필요 없이 웃거나 쓸데없는 말을 하지 말라."

부처님께서는 또 대야의 물을 쏟아 버리고 말씀하셨다.

"너의 도道가 다 버려졌다고 하는 것도 또한 이와 같다. 이미 알고 있으면서 거짓말하고 부끄러워하지도 않으며 반성하지 않는 것과 같은 것이다. 그런 거짓말을 삼가야 한다. 또한 필요 없이 웃거나 쓸데없는 말을 하지 말라."

_《중아함경》

부처님께서 말씀하셨다.

"라후라야, 사람들이 무엇 때문에 거울을 사용한다고 생각하느냐?"

"세존이시여, 얼굴이 깨끗한지 깨끗하지 않은지를 보기 위함입니다."

"사람도 마찬가지이다. 더러운 물은 마실 수 없는 것처럼, 수행자가 수행에 힘쓰지 않고 마음을 청정히 지키지 않으면 진정한 수행자라고 할 수 없다. 너는 신·구·의身口意 세 가지 업을 청정히 닦아야 한다. 몸과 입, 뜻으로 짓는 모든 행 하나하나에서 현재의 자신을 면밀히 살펴보고 늘 청정하게 해야 한다."

부처님께서 라후라에게 게송으로 거듭 말씀하셨다.

"몸과 입과 뜻으로 짓는 삼업三業과 선善·불선不善, 옳고 그른 것을 잘 살펴야 한다. 이미 알면서 거짓말을 하는 것은 옳은 행위가 아니니, 거짓말하지 말라. 사문이 계율을 지키지 않으면 헛되어 진실성이 없어 보이며, 거짓말하는 것은 입을 보호하지 않기 때문이다. 거짓말하지 않는 자는 바로 참깨달음을 얻은 정각자의 아들이다. 그대가 머무는 곳마다 풍성하고 즐거우며 평온하여 두려움이 없네. 라후라야, 너는 거기에 이르러 남을 해치지 말라."

_《중아함경》

조언, 충고

❄

남에게 충고를 할 때는
첫째로 충고할 만한 때를 가려 말하고, 알맞지 않을 때는 말하지 말라.
둘째로 진심에서 우러나와 충고를 하고, 거짓되게 말하지 말라.
셋째로 부드러운 말씨로 이야기하고, 거친 말을 쓰지 말라.
넷째로 의미 있는 일에 대해서만 이야기하고, 무의미한 말을 하지 말라.
다섯째로 인자한 마음으로 이야기하고, 성난 마음으로 하지 말라.

_《승지부경전》

❋

남의 죄를 들추고자 할 때는 다섯 가지를 명심해야 한다.

첫째로 그 죄가 거짓이 아니고 사실이어야 하고,

둘째로 그 때가 적절해야 하며,

셋째로 법도를 어기지 않고 상대에게 보탬이 되어야 하고,

넷째로 거칠거나 험하지 않고 부드러워야 하며,

다섯째로 미워서가 아니라 애정 어린 마음에서 들추어야 한다.

_《잡아함경》

❀

다른 사람이 충고해 주면 반성하고 감사하게 생각하라. 함께 생활하는 사람들에게 악한 마음을 품지 말고 좋은 말을 많이 해 주어라. 시기가 적절하지 않을 때는 말을 삼가고, 헐뜯으려는 마음을 품지 말라.

_《숫타니파타》

※

부처와 보살은 진실한 선지식이다. 불보살은 항상 세 가지 방법으로 중생을 제도하기 때문이다. 그 세 가지란 연어軟語·가책呵責·연어가책軟語呵責이다.

첫째로 연어는 처음부터 끝까지 늘 부드러운 말을 사용하는 것이고, 둘째로 가책은 꾸짖어야 할 때 반드시 꾸짖는 것이며, 셋째로 연어가책은 부드럽게 말해야 할 때와 꾸짖어야 할 때를 잘 구별하여 그때그때 시기에 맞춰 중생을 대하는 것이다.

_《열반경》

✸

부처님께서 사문들에게 말씀하셨다.

"사문들이여, 악한 행위를 하지 않도록 잘 이끌어 주고 선행을 하도록 권하며 착한 행위가 무엇인지를 가르쳐 주고 선한 마음을 품게 하며 듣지 못한 것을 듣게 하고 이미 들은 것이 있다면 잘 알게 해 주며 좋은 길로 인도하여라."

_《육방예경》

교리상의 문제로 언쟁이 일어났을 때는 어떻게 다스려야 하는가?

언쟁은 두 가지로 없애야 한다. 첫째는 당사자 앞에서 보이는 것이요, 둘째는 많은 사람들의 의견을 듣는 것이다.

교만_ 근심_ 나의것_ 노여움_ 돈_ 만족_ 부귀영화_ 분노_ 사랑_ 성냄_
소유_ 소유지족_ 속박_ 손실_ 애욕_ 애착_ 어리석음_ 욕심_ 이별_
이성_ 재물_ 재산_ 지혜_ 질투_ 집착_ 탐욕_ 탐진치_ 화_

4장

집착을
내려놓다

잘 이은 지붕에는 비가 내려도 빗물이 스며들지 않는 것처럼
마음을 잘 거두고 살피는 사람에게는 탐욕이 스며들지 않는다.

탐욕, 성냄, 어리석음

일체중생에게 네 가지 독화살이 병의 원인이 된다. 그 네 가지 독화살이란 탐욕·성냄·어리석음·교만이다.

_《대반열반경》

탐욕 부리는 마음은 늙음[老]을 가져오고, 성내는 마음은 온갖 질병[病]을 가져오며, 어리석음은 죽음[死]을 가져오나니, 이 세 가지를 없애면 불도를 성취한다.

_《법구경》

이 세상에 세 가지 무거운 병이 있다. 곧 풍병, 담이 생기는 것, 냉병이다. 또 다시 세 가지 무거운 병이 있으니 바로 탐욕과 성냄과 어리석음이다. 이 세 가지 무거운 병에는 세 가지 좋은 처방약이 있다. (애욕의) 탐욕이 일어났을 때는 '인간의 육신이 부정하다.'라고 관觀하고, 성내는 무거운 병이 생겼을 때는 타인에 대해 연민심으로 관하며, 어리석은 무거운 병에는 '모든 것이 인연으로 생긴 것'이라고 관할지니라.

_《증일아함경》

재물을 잃는 데는 여섯 가지가 있다. 지나치게 술을 많이 마시고, 노름하며, 방탕하고, 기악伎樂에 빠지고, 좋지 않은 친구를 사귀고, 게으른 것이다. 살아가면서 재가자가 탐심·진심·어리석음·두려움이 없다면 재물을 잃는 것을 막을 수 있다.

_《육방예경》

탐욕이 만들어 내는 고통

욕망을 채우고 싶어 애달파하는 사람은 자신의 욕망을 이루지 못하면 독화살을 맞은 것처럼 괴로워한다.

_《숫타니파타》

사람들은 탐욕심으로 재물을 모은다. 재물을 축적한 뒤에는 걱정을 한다. 재물을 왕에게 빼앗기지 않을까? 혹 도둑이 들어 훔쳐 가지 않을까? 물에 떠내려가지 않을까? 혹 불이 나서 타 버리지 않을까? 또 땅에 파묻고 나면 자신이 어디에 두었는지를 잊어버리지 않을까? 돈을 빌려주어 이자를 받으려는데, 혹 돈을 떼이지 않을까? 못된 자식이 자기 재물을 다 탕진하지 않을까? 등등 늘 노심초사로 마음이 편치 못하다가 결국 훗날 염려했던 대로 재물을 다 잃어 하나도 건지지 못한다. 근심·걱정하며 괴로워하고 번민하면서 하소연을 한다. 바로 이것이 탐욕을 부려 큰 화를 당하게 되는 본보기이다. … 탐욕이란 덧없는 것으로서, 사라졌다가 다시 생기기도 하고 있다가도 사라지는 것이다. 그런데 중생들은 그 탐욕이 변하고 바뀌어 덧없는 것인 줄을 알지 못한다.

_《증일아함경》

허술하게 이은 지붕에 비가 새는 것처럼 마음을 잘 살피지 않으면 탐욕이 마음에 스며든다. 촘촘하게 꼼꼼히 잘 이은 지붕에는 비가 내려도 빗물이 스며들지 않는 것처럼 마음을 잘 거두고 살피는 사람에게는 탐욕이 스며들지 않는다.

_《법구경》

부처님께서 말씀하셨다.

"수행자들이여, 탐욕이 많은 사람은 고통과 고뇌가 많이 발생한다는 것을 알아야 한다. 반면 욕심이 적은 사람은 고통과 고뇌가 덜 생긴다. 그러니 욕심을 줄이기 위해 이를 의식하며 항상 수행자라는 사실을 명심해야 한다. 욕심이 적은 만큼 공덕을 얻는 일도 쉽다.

욕심내지 않으니 아첨할 일이 없고, 육근의 감각적인 욕망에 끌려가지 않는다. 욕심내지 않으면 슬픔이나 두려움이 적고, 마음이 평온해지며, 여유가 있고, 항상 만족스럽게 생각한다. 욕심이 없어야 수행의 참맛을 알 수 있으니 욕심내지 말라."

_《유교경》

탐욕이란 때맞추어 오는 비처럼 그 욕심이 자꾸자꾸 자라서 만족할 줄 모른다. 즐거움은 적고 괴로움만 많으니, 지혜로운 사람은 그것을 관조觀照해 떨쳐 버리려고 한다.

_《증일아함경》

지혜로운 사람은 자손·재물·토지 등 세상일을 탐하지 않는다. 부정한 방법으로 영달을 꾀하지 아니하고, 인간으로서 도덕규범을 잘 지키며, 탐욕으로 생기는 부귀를 바라지 않는다.

_《법구경》

사람에게는 네 가지 욕망이 있지만 그 욕망은 끝내 충족되지 않는다.

첫째는 육신의 욕망이다. 인간은 육신을 치장하고 먹는 등, 안이비설신眼耳鼻舌身 오근五根이 좋아하는 것에 탐착 부리며 살아간다. 그러다 질병이 갑자기 발생하면 이겨 내지 못하고 죽어 간다. 그러니 살아가면서 육신의 욕망에 빠져 탐착 부린들 무슨 이익이 있겠는가?

둘째는 재산·명예·재물에 대한 욕망이다. 재물을 얻은 사람은 기뻐하고, 얻지 못한 이는 근심한다. 그러다 질병이 발생하면 이겨 내지 못하고 죽어 간다. 그가 생전 갖고 있던 모든 재물은 그대로 세간에 남아 다른 사람에게만 이익 되게 하고 자신을 따르지 않으니, 근심 되고 괴로운 일이다.

셋째는 부모·형제·배우자·친척·벗 등 사람과의 관계에서 생기는 애정과 우정에 대한 욕망이다. 하지만 병이 들어 목숨이 다하면 죽어 간다. 어느 누구도 그대를 구제해 주지 못한다. 또 그대가 죽은 뒤에 성 밖이나 무덤까지 전송하고 재빨리 그대를 버리고 제각기 자기 집으로 돌아간다. 추모하고 슬퍼하는 것은 겨우 열흘에 불과하다. 그대 장례식장에 모여서는 마주 보고 웃고 떠들며 죽은 사람은 잊어버린다. 그들이 그대와 함께해 주지 않거늘 공연히 사람들에게 애착한들 무슨 이익이 있겠는가?

넷째는 올곧지 못하고 뜻이 방자하며, 다섯 가지 욕망[재물욕·수면욕·성욕·명예욕·식욕]에 탐착하고, 성내며 어리석음에 빠져 있는 욕망이다. 그러다 병이 나면 목숨이 다해 죽어 간다. 세 가지가 서로서로 좇으면서 서로서로 관계하고 있음이 마치 참새가 나는데 뜻이 두 날개를 따르는 것과 같다. 뜻은 몸이요, 두 날개는 혼魂과 백魄이다.

_《불설사원경》

중생들은 모든 인간관계에서 욕심을 원인[직접적인 因]으로 하고, 욕심을 조건[간접적인 緣]으로 한다. 욕심 때문에 어머니는 자식과 다투고 아들은 어머니와 다투며, 부모와 자식·형제자매·친척들이 끊임없이 서로 다툰다. 저들은 서로 다툰 다음에 어머니는 아들의 허물을 말하고, 아들은 어머니의 허물을 말하며, 부모와 자식·형제자매·친척들끼리도 서로 허물을 말한다. 또한 욕심 때문에 왕과 왕이 서로 다투고, 수행자와 수행자가 서로 다투며, 불자와 불자가 다투고, 백성과 백성이 다투며, 나라와 나라가 서로 싸운다. 그들은 서로 다투며 서로 미워하기 때문에 여러 가지 무기까지 동원해 서로를 해친다.

_《중아함경》

농토·집터·황금·말·노비·부인·친척 등 여러 가지를 탐내는 사람에게는 그것으로 인해 반드시 고통이 따르고 위험이 따르기 마련이다. 마치 부서진 배에 물이 스며들듯이. 그래서 사람은 항상 바른 생각을 품고 자신을 지켜야 한다. 배에 스며든 물을 퍼내듯이. 욕망을 버리고 강을 건너 피안에 도달하는 사람이 되도록 하라.

_《숫타니파타》

소유만큼 생기는 근심

건너가야 할 저쪽 언덕도 없고, 떠나야 할 이쪽 언덕도 없어 두려움도 없고, 근심도 없는 사람. 바로 이런 사람을 일러 진정한 수행자라고 한다.

_《법구경》

사람들은 '나의 것'이라고 집착한 그 물건 때문에 괴로워한다. '나의 것'이라고 생각하는 그 물건은 영원하지 않다. 이 세상 모든 것은 변하고 사라지는 것임을 분명히 알아야 한다.

_《숫타니파타》

어떤 것에 대한 편견과 선입견, 분별심을 내지 말라. 덧없는 세상에서 생존 상태에 더 이상 머물려고 하지 말라. 이렇게 깊이 사유하며 부지런히 정진하는 사람은 '내 것'이라는 소유 개념을 갖지 않는다. 생과 죽음, 근심과 슬픔을 버리고 지혜로운 사람이 되어 세상의 괴로움에서 벗어나라.

_《숫타니파타》

어떤 것도 소유하거나 집착 부리지 않는 것, 이것이 (평온하고 고요한 경지의) 마음이고 열반이다. 또한 늙음과 죽음의 소멸*이기도 하다.

_《숫타니파타》

---

* "늙음과 죽음의 소멸"이라 함은 인간의 번뇌가 사라진 자유로운 상시를 말한다.

만족할 줄 아는 사람은 맨땅에 누워 있어도 행복으로 알고 만족할 줄 모르는 사람은 천당에 있어도 불행하다고 여긴다. 만족할 줄 모르는 사람은 가진 것이 많아도 늘 가난하다고 신세 한탄하지만, 만족할 줄 아는 사람은 비록 가진 것이 없어도 만족스러워하며 부유하다고 생각한다. 만족할 줄 모르는 사람은 늘 오욕락五欲樂에 빠져 지내므로 많은 사람들의 지탄을 받는다. 그러니 수행자는 소유지족少有知足을 미덕으로 삼아야 한다.

_《유교경》

자식이 있으면 자식 때문에 근심이 생기고, 소가 있으면 소 때문에 걱정할 일이 생긴다. 곧 집착 때문에 근심·걱정이 생긴다. 집착이 없는 사람에게는 근심·걱정도 생기지 않는다.

_《숫타니파타》

부, 재산

금은보석은 사람을 탐욕스럽게 만들고 혼란스럽게 하며 번뇌를 증장시킨다. 의혹을 수반해서 많은 고통을 가져다준다.

_《장로니게》*

---

* 《장로니게長老尼偈》는 부처님의 제자 중 비구니들이 깨달음의 과정이나 깨달음의 기쁨 등을 읊은 게송집이다.

사람들은 재물이 있으면 재물 때문에 걱정하고, 재물이 없으면 또 없는 공허감으로 고통스러워한다.

_《무량수경》

부처님께서 말씀하셨다.

"사람들은 대체로 재물과 이성의 욕망을 (과감히) 떨쳐 버리지 못한다. 이는 마치 한 번 먹을 만큼도 되지 않는 꿀이 칼날 위에 묻어 있는데, 어린아이가 그것을 핥아서 혀를 베는 것과 같다."

_《사십이장경》

하늘에서 칠보七寶가 쏟아진다 해도 욕심은 채워지지 않는다. 인생이란 즐거움은 잠깐이요, 괴로움이 더 많은 법. 지혜로운 사람은 이 이치를 잘 안다.

_《법구경》

이익을 분에 넘치게 바라지 말라. 이익이 분에 넘치면 어리석은 마음이 생기나니, 그래서 성인은 이런 말씀을 하셨다. "적은 이익으로 만족해하는 부자가 되어라."

_《선문일송》〈보왕삼매론〉

옛날 두 상인이 위험을 무릅쓰고 먼 곳으로 장사하러 가서는 많은 돈을 벌어 고향에 돌아왔다. 그런데 그중 한 상인이 갑자기 중병에 걸려 힘들게 벌어 온 돈을 병 고치는 데 모조리 써 버렸다. 점차 병이 깊어져 병도 고치지 못하고 생활마저 궁핍해졌다. 반면 다른 한 상인은 육신이 건강해서 벌어 놓은 재산을 그대로 가지고 있으면서도 늘 이렇게 푸념하였다.

"내가 지금 가지고 있는 재산이 얼마 안 되는데, 어떻게 하면 그 돈을 활용해 더 많은 돈을 벌 수 있을까?"

이런 말을 듣고 마을의 한 어른이 그에게 말했다.

"그대는 지금 병이 없고 건강하다. 그런데 재물을 더 얻지 못했다고 자꾸 한탄만 하고 있으니 보기에 안타깝구나. 육신이 건강하고 목숨을 보전하는 것이 보배 중의 가장 큰 보배이다. 욕심을 버려라."

_《출요경》

사랑, 애증, 질투

사랑하는 사람도 갖지 말라. 미워하는 사람도 만들지 말라. 사랑하는 사람은 만나지 못해 괴롭고, 미운 사람은 만나서 괴롭다.

_《법구경》

사랑은 이별하는 고통의 근원이다. 사랑으로 말미암아 근심이 생기고 사랑 때문에 두려움과 공포가 생긴다. 사랑의 근원인 마음[집착]을 제거하면 근심이 어디에 생길 것이며, 두려움이 어디서 생기겠는가. 사랑하는 인연으로 근심이 있고, 근심하는 고통으로 중생들이 늙어 간다.

_《유마경》

부처님께서 말씀하셨다.

"인간의 욕망 가운데 이성에 대한 애욕만큼 심한 것은 없다. 이성에 대한 욕망은 그 크기가 매우 크다. 그나마 그것이 하나뿐이니 망정이지, 만약 둘이었다면 이 세상 도 닦을 사람이 하나도 없을 것이다. 애욕에 빠진 사람은 마치 횃불을 들고 바람을 거슬러 걸어가 손을 태우는 화를 입는 것과 같다."

_《사십이장경》

❖

제석천이 부처님께 물었다.

"이 세상에 존재하는 모든 중생들이 도대체 무슨 원한이 있기에 서로 상대를 원수처럼 여기고 무기를 들고 싸우는 겁니까?"

부처님께서 답하셨다.

"모든 원한이 생기는 것은 탐욕과 질투 때문이다."

"탐욕과 질투는 무엇 때문에 생겨납니까?"

"탐욕과 질투는 사랑하고 미워하는 데서 생겨난다."

"사랑과 미움은 어디서부터 생겨납니까?"

"사랑과 미움이 생기는 것은 탐욕 때문이다."

_《잡아함경》

분노, 화

부처님께서 사위성 기원정사에 계실 때이다. 어느 날, 한 젊은 청년이 부처님을 찾아와 부처님에게 화를 내면서 욕하였다. 부처님께서 그 젊은이에게 게송으로 말씀하셨다.

"분노하지 않는 자세는 성내는 것을 이기고, 불선不善한 상태로 상대가 다가오면 선한 마음으로 항복 받으며, 상대의 인색한 마음에는 그대가 은혜를 베풀어 이끌어 감화를 주어라. 진실한 말로 상대의 거짓말을 이기며, 상대를 비방하지 않고 자비로운 마음에 머물러 있다면 설령 악한 사람이 성내고 욕하더라도 바위처럼 흔들리지 않는다. 유능한 마부가 미친 말을 잘 다루듯이 분한 마음이 치솟아 오를 때 그것을 잘 이겨 내야 한다."

_《잡아함경》

한번 성내는 마음을 일으키면 백천 가지 모든 일마다 장애가 일어난다.*

_《화엄경》

---

* 일념진심기一念瞋心起 백만장문개百萬障門開.

❈

성 안 내는 그 얼굴이 참다운 공양구요, 말없는 그 한마디 미묘한 향이로다. 깨끗해 티가 없는 진실한 그 마음이 언제나 한결같은 부처님 마음이다.

_《송고승전》

화를 냄으로써 생기는 피해는 매우 크다. 즉, 모든 선법善法을 파괴하고 자신의 명예가 훼손되며 좋지 않은 평판이 따라다닌다. 진심瞋心은 맹렬히 타오르는 불길보다 더 무서운 것이니, 이 성내는 마음을 잘 다스려야 한다. 진심은 공덕을 훔쳐 가는 가장 큰 도둑이다. 재가자는 출가한 사람이 아니므로 어느 정도 성을 내도 용서받을 수 있지만, 도를 닦는 출가자는 가장 조심해야 할 일이다.

_《유교경》

사람이 화를 내면 이전에 자신이 쌓아 온 선행을 모두 잃게 된다. 그 이익의 많고 적음을 다투어서 집과 나라를 망치고 종족을 멸망시키는 것은 모두 이 분노 때문이다. 또한 교만을 없애되 지금 현재 그리고 미래의 교만함까지 모두 없애야 한다. 그래서 부처님께서 "분노와 교만을 버리라."라고 말씀하신 것이다. 분노와 교만은 번뇌의 근본根本이다. 그 뿌리를 없애면 가지와 줄기·잎은 저절로 사라진다. 분노와 교만은 번뇌의 근본이다. 사람이 화를 내고 교만심이 많으면 모든 공덕을 잃기 때문이다. 분노의 맹렬함은 마치 타오르는 불과 같다. 그러니 빨리 불을 끄는 것부터 생각하라. 그렇지 않으면 매우 큰 손실이 생길 것이다.

_《출요경》

성냄을 가라앉히면 마음이 편안해지고 성냄을 잘 조절하면 근심·걱정이 사라진다. 성냄은 (모든 번뇌를 일으키는) 독의 뿌리가 되고, 화를 자주 내면 자신의 모든 선행마저 묻혀 버린다.

_《대지도론》

배 안에 스며든 물을 퍼내면 배가 가벼워져 속력이 매우 빨라진다. 이와 같이 탐내는 마음과 성내는 마음을 가라앉히면 마침내 열반 언덕에 이르게 된다.

_《법구경》

악행을 저지르는 사람은 분노를 분노로써 갚는다. 분노를 분노로 갚지 않는다면 그 싸움에서 승리한 것이다.

_《출요경》

상대방이 화난 것을 알고 알아차림[sati, 正念] 하면서 마음을 고요하게 한다면 자기와 남, 모두가 이롭게 된다.

_《청정도론》

불심이 돈독한 여성 신도가 있었다. 그녀의 남편은 부인의 불심에 늘 불만이었다. 이 거사가 부처님을 찾아가 이렇게 물었다.
"인간은 무엇을 제거해야 안락한 삶을 살 수 있습니까? 인간은 무엇을 버려야 고통을 여의고 행복하게 살 수 있습니까?"
"그대는 지금 화가 잔뜩 나 있는 마음을 없애야 한다. 분노를 가라앉힐 때 비로소 안락하고 행복한 삶을 살 수 있다. 화가 난 마음을 제거할 때 그대의 고통이 사라진다. 인간을 해치는 독의 근원은 바로 화를 내는 마음이다. 그리고 그것을 참는 것이 최상의 행복이다."

_《빨리 법구경》

어리석음, 지혜

자신의 어리석음을 알고 있는 자는 현명한 사람이다. 자신이 현명하다고 착각하는 자가 정말 어리석은 사람이다.

_《법구경》

어리석은 사람은 성자와 한평생을 함께 지낼지라도 마치 숟가락이 국 맛을 모르는 것처럼 참다운 법을 알지 못한다.

_《법구경》

어리석은 사람은 이익만을 탐하며, 부질없는 명예와 명성만 추구한다. 집에서는 권력을 다투고, 타인과의 관계에서는 이익 될 일만 바란다.

_《법구경》

어리석은 사람은 악을 짓고도 스스로 그것을 깨닫지 못해 제가 지은 업에서 일어난 불길에 제 몸을 태우며 괴로워한다.

_《법구경》

어리석은 사람은 지혜도 없고 깨닫는 바도 없어서 재산을 쌓아 두고 자기도 쓰지 않고 남에게 보시하지도 않는다. 이는 어리석음 가운데서도 가장 큰 어리석음이다. 사람이 재물을 갖고 있으면 첫째는 보시하고, 둘째는 자기를 위해 유익하게 써야 한다. 어리석은 사람은 자기도 쓰지 않고, 남에게 보시하지도 않는다. 자기를 위해 유익하게 쓰지 않는 것은 바로 인색하기 때문이다. 그 인색함이 마음의 근본을 속박하니 스스로 풀 수도 없고 풀리지도 않는다. 어리석은 사람은 재물을 탐하고 애착하기 때문에 이것을 버리지 못한다. 그러므로 지혜 있는 사람은 탐욕을 버리고 마음을 고요히 한다.

_《출요경》

성내고 싸우며 다투는 곳에 머물지 말라. 산양과 염소가 서로 싸울 때 파리와 나비가 거기서 죽었고, 여종과 염소가 치고받을 때 애꿎은 원숭이가 앉았다가 죽었다. 지혜로운 사람은 분쟁 있는 곳을 멀리 피하니, 어리석은 사람과 함께 있지 말라.

_《불설보살본행경》

동요_ 명예_ 바위_ 불행_ 수용_ 승리_ 시절_ 연꽃_ 연연_
인연_ 조화_ 중도_ 집착_ 초연_ 패배_ 평온_ 행복_ 휘둘림_ 흔들림_

5장

바위 같은
평온을
얻다

고통과 즐거움은 시절 인연에 따라 생겨나는 것.
좋은 일이 생기든 나쁜 일이 생기든 동요하지 말라.

휘둘리지 않는 삶

지혜로운 사람은 어떤 일이 일어나더라도 동요하지 않는다. 즐거운 일이 생기든 괴로운 일이 일어나든 그 어떤 일에도 연연하지 않는다.

_《법구경》

큰 바위가 바람에 흔들리지 않는 것처럼, 지혜로운 사람은 어떤 칭찬과 비방에도 흔들리지 않는다.

_《법구경》

세상의 어떤 일에도 마음이 흔들리지 않고 근심·걱정 없이 평온을 유지하는 것, 이것이 더할 나위없는 행복이다.

_《숫타니파타》

성인은 어떤 것에도 집착하지 않는다. 사랑하거나 미워하지도 않는다. 또 슬퍼하지도 않고 인색하지도 않다. 마치 연꽃잎에 물이 묻지 않는 것처럼.

_《숫타니파타》

여래가 혹 어떤 사람으로부터 욕 듣고 매질 당하며 꾸짖음을 당할지라도 여래는 상대에게 성내지 않고 미워하지 않으며, 그를 해치려고 하지 않는다. 여래가 사람들로부터 욕 듣고 매질 당하며 꾸짖음을 받을지라도 여래는 이런 생각을 한다.
'모든 것[原因]은 내가 만든 것이요, 내가 지었던 것에 대한 과보[業報]이다.'
또 혹 여래가 사람들로부터 존경받고 공양 받으며 섬김을 받을지라도 여래는 상대방을 반가워하거나 좋아하지 않는다. 여래가 사람들에게 존경받고, 섬김의 대상이 될지라도 여래는 이런 생각을 한다.
'나는 지금 번뇌를 끊고 최상의 지혜를 얻었기 때문에 이런 보답을 받는다.'

_《중아함경》

승리는 원한을 가져오고, 패한 사람은 슬픔에 빠져 괴로워한다. 이기고 지는 일이 인생의 다반사임을 아는 사람은 다툼 없이 마음을 편안히 갖는다.

_《법구경》

한 나무에 깃들인 새들과 한 여관에 모인 나그네들이 새벽이면 각기 흩어지듯이 세속의 영광도 사라지기 마련이다. 황제는 반드시 알아야 한다. 부귀영화 자리는 잠깐이라는 것을. 지혜로운 사람은 깊이 관찰해서 이런 관직이나 명예에 휘둘리지 않는다.

_《빈두로설법경》

과거세의 착한 행위[善業]로 얻은 명예와 부는 인연이 다하면 없어진다. 고통과 즐거움은 시절 인연에 따라 오고 생겨나는 것. 좋은 일이 생기든 나쁜 일이 생기든 동요하지 말라.

_《이입사행론》

한 장자의 집에 아리따운 아가씨가 찾아와 대문을 두드렸다. 장자가 문을 열자 그 여인이 말했다.

"나는 공덕천이라고 하는데, 당신 집안에 행운과 재물을 가져다주며 행복한 일만 가져다주는 사람입니다."

장자는 너무 기뻐서 여인에게 "어서 들어오라."라고 재촉했다. 그런데 바로 뒤에 검은 옷을 입은 험상궂은 여인이 따라 들어왔다. 장자가 "누구냐?"라고 묻자 여인이 말했다.

"나는 흑암녀라고 하는데, 당신 집안에 좋지 않은 일이나 불행한 일만 가져다주는 사람입니다."

장자가 그 말을 듣고 그녀를 내쫓으려고 하자 흑암녀가 말했다.

"나는 공덕천 언니와 늘 붙어 다니는 자매로서 떨어질 수 없는 사이입니다."

장자가 이 말을 듣고 두 사람 모두 받아들이지 않았다.

_《대반열반경》*

---

* 여기서 《대반열반경》은 대승 중기 경전에 해당하는 《열반경》을 의미한다. 위의 이야기는 새옹지마塞翁之馬 고사와도 유사하다.

세상살이에 곤란 없기를 바라지 말라. 세상살이에 곤란함이 없으면 업신여기는 마음과 교만이 생기나니, 그래서 성인이 이런 말씀을 하셨다.
"근심과 곤란을 수용해 초연한 마음으로 세상을 살아가라."

_《선문일송》〈보왕삼매론〉

한 사문이 밤에 가섭불의 《유교경》을 독송하는데 그 독경하는 소리가 슬프고 마음에 애달픔이 담겨 있었다. 또한 그 곡조의 음률에 마치 출가를 후회하고 세속으로 되돌아가고 싶은 생각이 담겨 있는 듯했다. 부처님께서 그에게 물었다.

"너는 옛날 세속에 살 때 무슨 일을 하였는가?"

"저는 거문고 타기를 좋아했습니다."

"거문고 줄을 느슨하게 늦추면 어떠한가?"

"소리가 잘 나지 않습니다."

"그렇다면 줄을 팽팽하게 조이면 어떠한가?"

"줄이 끊어집니다."

"줄을 느슨하지도, 팽팽하지도 않게 하며 알맞게 조절한다면 어떠하겠는가?"

"모든 것이 조화로워 고운 소리가 납니다."

"사문이 도를 배우는 것 또한 이와 같다. 마음이 만약 고르고 알맞으면 도를 얻을 수 있다. 그러나 빨리 깨닫고자 너무 조급하게 마음을 쓴다면 곧 몸만 피로할 것이요, 몸이 피로해지면 마음도 괴로울 것이다. 마음이 점점 괴로워지면 수행이 퇴보하게 되고, 수행이 퇴보하면 죄업만 더해 갈 것이다. 그러니 몸과 마음을 청정하게 하고 평온한 마음을 지닌다면 반드시 도를 잃지 않을 것이다."

_《사십이장경》

산처럼 뜻을 세우고, 바다처럼 편한 마음을 지녀라.*

_《몽산법어》

* 입지여산立志如山 안심사해 安心似海. 몽산 덕이 화상(1231~1308?, 원나라)의 법어이다.

팔풍이 불어도 흔들리지 않는다.*

_《종용록》

---

* 팔풍八風은 이利, 쇠衰, 훼毀, 예譽, 칭稱, 기譏, 고苦, 락樂을 말한다. 이利는 자신에게 이로운 것, 쇠衰는 자신에게 불리한 것, 훼毀는 남으로부터 나쁜 평판을 듣는 것, 예譽는 남으로부터 좋은 평판을 듣거나 명예로운 일을 겪는 것, 칭稱은 남으로부터 칭찬 받는 것, 기譏는 남으로부터 속임을 당하거나 비판받는 것, 고苦는 고통스러운 일을 당하는 것, 락樂은 즐거운 일을 겪는 것이다.

과보_ 관용_ 뉘우침_ 복수_ 보복_ 사과_ 선업_ 선행_
실수_ 악업_ 악행_ 앙갚음_ 업보_ 연기법_ 용납_ 용서_
원망_ 원한_ 인과_ 자비_ 잘못_ 참회_ 허물_

6장

진심으로
뉘우치고,
기꺼이 용서하라

'참'은 이생에서 지었던 허물을 반성하는 것이요,
'회'는 앞으로 지을 죄를 미리 살펴보는 것이다.

인과응보

전생의 일을 알고자 하는가? 지금 받고 있는 업이 이것이다. 다음 생의 일을 알고자 하는가? 지금 짓고 있는 행위가 다음 생의 과보이다.

_《잡아함경》

❖

어느 때, 한 비구가 부처님을 찾아와 이렇게 물었다.

"세존이시여, 연기법이란 세존께서 만드신 겁니까? 다른 사람이 만든 겁니까?"

부처님께서 비구들에게 말씀하셨다.

"연기법은 내가 만든 것이 아니요, 어느 누가 만든 것도 아니다. 이 법은 여래가 세상에 출현하든 출현하지 않든 간에 항상 법계法界에 있는 것이다. 저 여래는 이 법을 스스로 깨닫고 바른 깨달음을 이룬 뒤 모든 중생들을 위해 분별해 연설하고 이렇게 드러내 보인다.

'이것이 있으므로 저것이 있고,

이것이 생하므로 저것이 생한다.

이것이 없으므로 저것이 없고,

이것이 멸하므로 저것이 멸한다.'"

_《잡아함경》

자신이 지은 어떤 죄업도 소멸되지 않는다. 반드시 되돌아와 그 임자가 악업의 과보를 받는다. 어리석은 자는 현생에 죄를 짓고 내세에 괴로운 과보를 받는다.

_《숫타니파타》

악한 행동을 하여 과보를 받고 선한 행동을 하여 복을 받는다. 과보와 복은 스스로 만드는 것. 누가 대신 만들고 받는 것이 아니다.

_《법구경》

남을 해치면 그대도 해침을 받고, 남을 원망하면 그대도 원망을 받는다. 남을 헐뜯으면 그대도 헐뜯음을 받게 되어 있으며, 남을 때리면 그대도 맞는다. 왜 이러한 인과법을 알려고 하지 않는가! 인생은 무상하고 촉박하건만 왜 사람들과 원수를 맺으려고 하는가?

_《출요경》

설령 악한 짓을 많이 한 사람일지라도 아직 악행의 과보가 드러나지 않아 행복을 누리기도 한다. 그러나 차츰 악업의 결과가 드러나면 그는 엄청난 고통을 받게 되어 있다.

비록 착한 사람이라 할지라도 아직 선행의 과보가 나타나지 않아 고통을 당하기도 한다. 그러나 선업의 결과가 나타나면 그에게는 매우 큰 이익과 공덕이 생긴다.

_《빨리 법구경》

부처님께서 제자들과 많은 사람들에게 이런 말씀을 하셨다.
"만일 어떤 사람이 사람을 때리거나 폭언하고 욕설을 하며, 부모에게 불효한다면 이 사람은 반드시 지옥에 떨어진다. 그래서 내가 중생이 지옥에 떨어질 것을 염려해 지옥을 다스리는 염라대왕에게 다섯 천사를 보내어 중생들에게 표본을 보여 주며 가르치라고 하였다. 지혜로운 사람은 이를 본 뒤에 악한 행동을 멈추고 선행을 한다면 지옥에 떨어지지 않을 것이다.
염라대왕이 첫 번째 보낸 천사는 부모이다. 어떤 마을에 아이가 태어났을 때, 그는 아직 어려서 대소변도 가리지 못하고 그 속에서 버둥거린다. 그때 부모는 아기를 기르고 목욕시키며 깨끗하게 해 준다. 그 천사를 보고도 부모에게 악행을 저지른다면 마땅히 과보를 받을 것이다.
두 번째 천사는 노인이다. 어떤 마을에서 머리가 희고 이가 빠졌으며 허리가 굽어 지팡이를 의지해 걸어가면서 몸을 벌벌 떠는 사람을 보았을 것이다. 그는 한때 젊고 청춘을 자랑했으나 나이가 들어 수명이 다해 목숨이 끊어지려는 고통을 받는다. 그 천사를 보고도 선업을 짓지 않으면 마땅히 과보를 받을 것이다.

세 번째 천사는 병자이다. 어떤 사람이 병이 들어 몸이 힘들고 괴로워 누워 있는 것을 볼 것이다. 그도 한때는 건강했으나 어느 순간 병이 들어 목숨이 끊어질듯 고통을 받고 괴로워한다. 그 천사를 보고도 선업을 짓지 않는다면 반드시 악업의 과보가 따를 것이다.

네 번째 천사는 죽은 사람이다. 어떤 사람이 죽으면 며칠도 안 되어 육신이 썩어 냄새가 진동한다. 시신이 들이나 산에 버려져 까마귀와 솔개에게 쪼이고 승냥이의 먹잇감이 되며, 불에 태워지거나 땅에 묻힌다. 그 천사를 보고도 선업을 짓지 않고 악행을 일삼는다면 반드시 악업의 과보가 있을 것이다.

다섯 번째 천사는 감옥의 죄수이다. 죄를 지은 사람이 있어 형벌을 받거나 손발이 묶인 채 옥에 갇혀 고통받고 있다. 그 천사를 보고도 선업을 짓지 않는다면 마땅히 과보를 받을 것이다."

_《중아함경》

남에게 고통을 준 대가로 자신이 행복하다면 그 재앙은 오히려 자신에게 되돌아와 원망과 미움만 남는다.

_《법구경》

"나가세나 존자님, 알면서 악행을 짓는 사람과 모르고 악행을 짓는 사람 중 누가 더 큰 화를 당합니까?"

"(밀린다)대왕이여, 모르고 짓는 악행의 화가 더 큽니다."

"내가 나라를 다스릴 때 대신이 죄를 지으면 그 죄를 중하게 다스립니다. 백성이 죄를 지으면 그 죄를 가볍게 다스립니다. 그렇기 때문에 나는 지혜 있는 사람이 악한 일을 하면 그 재앙이 크고, 어리석은 사람이 악한 일을 하면 그 재앙이 적으리라고 봅니다."

"대왕이여, 불에 익은 쇳덩이를 어떤 사람은 모르고 붙잡았고 어떤 사람은 알고 붙잡았다면, 어느 쪽이 더 심하게 데겠습니까?"

"모르고 잡은 사람이 더 심하게 화상을 입습니다."

"마찬가지로 알고 짓는 것보다 모르고 짓는 업의 과보가 훨씬 더 큽니다."

"잘 알겠습니다. 존자님."

_《밀린다왕문경》

뉘우침, 사과, 참회

'참'은 이제까지 지었던 허물을 반성하는 것이요, '회'는 앞으로 지을 죄를 미리 살펴보는 것이다.*

_《육조단경》

---

* 참慙이 행하고 나서 자신을 되돌아보고 반성하는 것이라면, 회悔는 어떤 일을 행하기 전에 자신을 관조해 보고 자각하는 일이다.

자신의 죄업은 아무리 가까운 배우자나 자식 그리고 부모라도 대신해 줄 수 없다. 자신이 직접 참회하지 않고 살다가 문득 죽음에 임박해서는 황황히 외로워하고 괴로워한다.

_《자비도량참법》

❖

사람은 누구나 실수를 한다. 하지만 실수를 삼가며 잘못을 번복하지 않는다면 달이 구름 속에서 나오는 것처럼 그는 능히 이 세상을 비춘다.

_《법구경》

사람이 혹 악업을 지었을지라도 뒤에 이것을 선업으로 전환할 줄 안다면 달이 구름 속에서 나오는 것처럼 그는 능히 이 세상을 비춘다.

_《법구경》

만약 어떤 사람이 많은 죄를 지어 허물을 가지고 있으면서도 스스로 그 마음을 뉘우치지 않으면 결국 모든 업보가 자신에게 돌아간다. 이는 마치 냇물이 바다로 들어가 점점 깊어지고 넓어지는 것과 같은 이치이다. 그러나 만약 어떤 사람이 스스로 허물이 있음을 알고 자신의 그릇됨을 고쳐 선한 쪽으로 행한다면 죄는 자연히 스스로 소멸된다. 이는 마치 병든 사람이 땀을 내고 몸이 점차 회복되는 것과 같다.

_《사십이장경》

❖

선남자여, 업장을 참회한다는 것은 바로 이런 것이다. 보살은 스스로 이런 생각을 해야 한다.

'내가 오랜 과거세부터 지금까지 탐·진·치 삼독三毒으로 인해 신·구·의 삼업三業으로 지은 악업이 헤아릴 수 없을 만큼 매우 많다. 혹 이 악업에 어떤 형체가 있다면 끝없는 허공으로도 다 담을 수 없을 정도이다. 내 이제 청정한 신·구·의 삼업으로 법계에 계시는 수많은 불보살전에 지극한 마음으로 참회하되, 다시는 악업을 짓지 않고 청정한 계행戒行을 하겠습니다.'

_《화엄경》

용서

원한을 원한으로 되갚는다고 해서 맺힌 원한이 풀어지는 것은 아니다. 원망하는 마음을 쉬어야 원한이 풀어진다. 이것은 영원한 진리이다.

_《법구경》

'그는 나를 욕하고 꾸짖었다, 나를 때렸다, 나보다 승리했다.'라는 생각을 가슴에 담아 두면 그 원한은 끝내 사라지지 않는다. '그는 나를 욕하고 꾸짖었다, 내 것을 빼앗아갔다, 나를 이겼다.'라는 것을 마음에 새겨 두면 원망하는 마음이 사라지지 않는다.

_《법구경》

목련 존자가 외도外道들에게 피살을 당해 열반에 들자, 사문들이 화가 나서 부처님께 "그들에게 앙갚음을 해야 한다."라고 말했다. 부처님께서 그들을 잘 타이르며 이렇게 말씀하셨다. "너희들은 아직도 삶의 진리를 체득하지 못했구나. 육체는 무상하고 업보는 끝이 없나니 원한을 원한으로 갚지 말라. 이것은 목련이 바라는 바가 아니다. 내가 한밤중 선정에 들어 죽은 목련을 만났는데, 그는 어떤 원망도 슬픔도 없이 편안하게 열반에 들었다. 깨달은 자에게는 삶과 죽음이 여일如一하며, 삶과 죽음은 흐르는 강물처럼 아무런 의미가 없는 법이다. 삶이 있으면 죽음이 있는 것이 당연한 이치이다. 죽음에 대한 초연한 자세도 삶의 한 일부분이다. 목련은 우리에게 이런 용서와 초연함을 가르쳐 주었다."

_《증일아함경》

부처님께서 제자들에게 말씀하셨다.

"나는 과거 전생에 한 나라의 왕이었던 적이 있다. 그때 나는 대승불교의 근본 수행인 육바라밀을 실천하였고, 진리를 구하는 데 게으르지 않았다. 어느 날 나는 아들에게 왕권을 물려주고 이런 서원을 세웠다. '누가 나에게 최고의 가르침을 설해 준다면 그를 위해 종신토록 시중을 들리라.'라고. 마침 한 선인仙人이 있어 나는 그의 제자로 출가해 평생토록 그를 섬기며 법을 구하였다. 그때 국왕으로서 출가했던 사람은 바로 지금의 나이고, 나의 스승이었던 선인은 제바달다*이다. 나는 전생의 스승인 제바달다의 가르침으로 인해 현세에 깨달음을 얻어 부처가 되었다. 그러므로 현세에서 제바달다가 아무리 나를 해친 악인이라 할지라도 전세에 나를 이끌어 준 스승으로서 미래세에 꼭 부처가 될 것을 수기授記한다."

_《법화경》

---

* 불교에서 제바달다는 부처님을 배반하고 교단을 이탈했던 사람으로, 악인의 대명사로 알려져 있다.

어느 날 기원정사에서 두 비구가 다투었다. 갑이라는 비구가 을이라는 비구에게 욕설을 퍼부었다. 다행히도 을 비구는 침묵을 지켰다. 잠시 후에 욕설을 퍼부었던 갑 비구가 을 비구에게 참회하고 사과하였다. 그런데 을 비구는 참회를 받아들이지 않았다. 그 주변에 여러 비구들이 모여서 을 비구에게 "갑 비구의 참회를 받으라."라고 종용하였다. 이러면서 말소리가 커지자 비구들이 주변에 모여들었고 시끄러워졌다. 부처님께서 멀리서 삼매三昧에 들었다가 비구들의 상황을 아시고 그곳으로 오셨다. 한 비구가 전후 사정을 다 이야기하자 부처님께서 말씀하셨다.

"을 비구는 남이 참회하고 사과를 하는데도 왜 받아 주지 않는가? 남의 참회와 사과를 받아 주지 않는 사람은 매우 어리석은 사람이다. 긴 밤 속에서 항상 괴로움을 받을 것이다."

_《중아함경》

원수일지라도 그를 위해 사랑하고[慈], 가엾이 여기는[悲] 마음을 내어야 한다.

_《중아함경》

고통_ 공덕_ 관용_ 대가_ 방생_ 베풂_ 보답_ 보시_ 애민_
이기심_ 이타심_ 자비_ 자애_ 정성_ 중생제도_ 회향_

7장

베풀어서
행복해지다

자비는 인연을 가리지 않으니
원수와 친척이 같은 것이다.

무한한 자비심

❀

살아 있는 모든 존재는 다 행복하라.* 마치 어머니가 외아들을 사랑하는 것처럼 살아 있는 모든 것에 무한한 자비심을 가져라.

_《숫타니파타》

---

* 법정 스님의 에세이 《살아 있는 것은 다 행복하라》를 통해 더 유명해진 구절이다.

🪷

우리 모두는 사생육도四生六道* 중생들을 어여삐 여겨야 한다. 과거 어느 생, 일체중생이 모두 친척 된 인연이 있었다. 혹 서로 부모가 되기도 하였고 혹은 스승·제자 인연이 되기도 하였으며 혹은 형제·자매가 되었다. 무명 번뇌의 그물에 얽혀 서로를 알지 못하며, 알지 못하므로 서로를 해롭게 하고, 서로를 해롭게 하므로 원한이 끝이 없다. 그러니 대중들은 서로에게 참회를 하고 연민심을 내어야 한다.

_《자비도량참법》

---

* 사생은 태란습화胎卵濕化, 생명이 태어나는 방식을 말한다. 곧, 알로 태어나는 난생卵生, 태아로 태어나는 태생胎生, 습한 기운에서 태어나는 습생濕生, 홀연히 화해서 태어나는 화생化生이다. 육도란 지옥·아귀·축생·수라·인계·천계 등 모든 생명체가 윤회하는 세계이다

자비심으로 방생을 자주 하라.

_《범망경》

❧

첩이었던 여인이 본처 웃따라를 시샘해 웃따라에게 펄펄 끓는 물을 부었다. 웃따라는 화상을 입었는데도 자애 명상의 힘으로 인욕하였다. 부처님께서 그녀의 모습을 보고 이렇게 말씀하셨다.

"웃따라여, 참으로 훌륭하구나! 성내는 마음을 잘 다스렸구나. 자애로운 마음으로 성내는 마음을 다스려야 하고, 어떤 사람이 너에게 욕한다면 오히려 사랑스러운 말로 극복해야 하며, 인색한 사람에게는 관용을 베풂으로써 다스려야 하고, 거짓으로 대하는 사람은 진실함으로 극복해야 한다."

_《빨리 법구경》

❀

내가 이제까지 (기도·참선·간경·주력)한 공덕이 모든 중생들에게 두루두루 미치어, 나와 모든 사람들이 다 함께 성불하기를 서원합니다.*

_《법화경》

---

* 원이차공덕願以此功德 보급어일체普及於一切 아등여중생我等與衆生 개공성불도皆共成佛道. 《법화경》의 주요 게송으로, 독송이나 주력 등 기도를 끝내고 마지막으로 염하는 대표적인 회향 게송이다. 회향은 '공덕을 모든 중생에게 되돌린다.'라는 뜻으로 자비 사상에서 발원한다.

험한 여행길에서 자신보다 남을 위하고 조금이라도 베풀 줄 아는 사람이 진정한 성자이다. 이기심만 있고 남에게 베풀 줄 모르는 사람은 죽은 사람이나 다름없다.

_《쌍윳따 니까야》

어떤 사람이 부처님을 찾아와 물었다.

"저는 하는 일마다 제대로 되는 일이 없으니 이 무슨 이유입니까?"

"그것은 네가 남에게 베풀지 않았기 때문이니라."

"저는 가진 것이 아무것도 없는 빈털터리입니다. 남에게 줄 재물이 있어야 주지, 도대체 뭘 준단 말입니까?"

"우바새여! 그렇지 않느니라. 재산이 아무리 없더라도 타인들에게 베풀 수 있는 일곱 가지 보시[무재칠시無財七施]가 있느니라. 그 일곱 가지 보시란 첫째, 화안시和顔施 즉 화색을 띠고 부드러우며 정다운 얼굴로 대하는 일이다. 둘째, 자안시慈眼施 즉 따뜻하고 자애로운 눈길로 사람을 바라보며 신뢰감을 갖고 남을 대하는 일이다. 셋째, 애어시愛語施 즉 사랑스러운 말로 상대에게 희망과 기쁨을 주는 일이다. 넷째, 심시心施 즉 마음의 문을 열고 사람을 대하는 일로서, 그 사람의 입장에서 따뜻한 마음으로 사람을 대하며 이해하고 마음 쓰는 일이다. 다섯째, 신시身施 즉 장애인이나 노인을 위해 봉사하거나 사찰의 큰 행사 때 남들이 하기 싫어하는 공양간의 허드렛일이나 화장실

청소 등을 하는 것이다. 여섯째, 상좌시床座施 즉 남에게 자리를 양보하는 일이며 일곱째, 방사시房舍施 즉 사람에게 방을 제공하여 재워 주는 일*이니라."

_《잡보장경》

---

* 옛날, 교통수단이 발달하지 않았을 때는 방사시 역시 큰 베풂(보시)이었다.

부처님께서 말씀하셨다.

"어떤 사람이 보시하는 것을 보고, 그를 도와 함께 기뻐한다면 그 얻는 복이 매우 크다."

그러자 한 사문이 물었다.

"그러면 그 복덕이 다할 때가 있습니까?"

부처님께서 말씀하셨다.

"비유컨대, 한 개의 횃불이 있는데 수천 명의 사람이 각기 불을 붙여 가지고 가서 음식을 익혀 먹거나 어둠을 밝힐지라도 원래의 한 개 횃불은 조금도 변함이 없는 것처럼 그 복덕도 이와 같다."

_《사십이장경》

❀

담장 선사*는 개 한 마리를 키웠다. 어느 날 새벽에 개가 문 옆에 엎드려 계속 짖어댔다. 공양간 앞에 큰 구렁이 하나가 나타나 입을 벌리고 독을 내뿜고 있었던 것이다. 사미승이 겁에 질려 있자, 담장이 말했다.

"죽음을 어찌 피할 수 있겠는가? 저놈이 독을 뿜고 달려들면 나는 자비로운 마음으로 받아들일 것이다. 독은 진실한 성품이 없어서 끓어오르면 강해지고, 자비는 인연을 가리지 않으니 원수와 친척이 같은 것이다."

이 말이 끝나자마자 미물인 구렁이도 선사의 말에 감화를 받았는지 슬그머니 사라졌다.

_《전등록》

* 담장 선사(?~?)는 당나라 때 마조 선사(馬祖, 709~788)의 제자이다.

❁

어느 날 저녁, 암자를 지키는 개가 담장 선사의 옷을 물더니 놓아 주지 않았다. 선사는 무슨 변고가 생긴 것이라고 추측하고 주위를 살펴보니 도둑이 있었다. 담장 선사가 도둑에게 말했다.
"누추한 암자까지 찾아오느라 고생이 많습니다. 혹 마음에 드는 물건이 있으면 마음대로 가져가십시오."
도둑은 선사의 말에 감동 받고 절을 한 뒤 자취도 없이 사라졌다.

_《전등록》

천하 사람들을 위해 그늘이 되리라.*

_《임제록》

---

* 여천하인작음량與天下人作陰凉, 곧 한여름에 큰 나무의 그늘이 시원함을 주듯 많은 이들에게 덕을 베풀겠다는 의지를 표현한 말이다.

나의 성불을 뒤로 미루고 남을 먼저 제도한다.*

_《열반경》

* 자미득도선도타自未得度先度他.

❀

지옥이 다 비워질 때까지 나는 부처가 되지 않겠다.*

_지장보살의 서원, 《지장보살본원경》

---

* 지옥미공서섯불불 地獄未空誓不成佛.

무릇 반야般若를 배우는 보살은 우선 대비심을 일으켜 큰 서원을 세우고 정교하게 삼매三昧를 닦되 중생을 제도해야 할 것이요, 자기 한 몸만을 위해서 해탈을 구하지 말지니라.

_《좌선의》*

---

* 이 책은 자각 종색 선사(1009~1092, 송나라)가 좌선하는 자세를 설명한 법어法語이다.

선미禪味*에 탐착하는 것은 보살의 속박이요, 방편을 베풀어 중생을 위해 살아가는 것은 보살의 해탈이다.

_《유마경》

---

* 선미란 '명상을 통해 느끼는 기쁨'을 말한다. 이 구절은 자신만을 위해 수행하고 중생에 대해 자비를 베풀지 않은 것을 비판하는 내용이다.

타인의 고통

🌸

부처님께서 제자들과 함께 재가자의 공양청을 받았다. 부처님과 제자들이 그 집에 가서 공양을 마쳤다. 그런데 공양이 끝났는데도 부처님께서 법을 설하지 않았다. 대체로 공양 후에는 부처님께서 법을 설하는 것이 관례인데, 그날은 부처님께서 법문하지 않고 가만히 계셨다.

이때 한 농부가 법문을 듣기 위해 헐레벌떡 뛰어 들어와 뒷자리에 앉았다. 실은 그 농부는 법석에 일찍 오려고 했으나, 황소가 우리를 뛰쳐나가는 바람에 소를 찾기 위해 들판을 쏘다니느라 회중에 늦은 것이다. 부처님께서는 농부에게 먼저 밥을 먹으라고 하신 뒤 그 농부가 밥을 다 먹고 회중에 돌아올 때까지 기다렸다가 법을 설하셨다.

사찰로 돌아가는 도중, 제자들이 부처님께 왜 농부에게 "법문 듣기 전에 밥부터 먹으라."라고 하셨느냐고 묻자, 부처님께서 말씀하셨다.

"여래의 법문을 듣다가 배고픔을 느낀다면, 그는 배고픔 때문에 진리를 충분히 받아들이지 못한다. 그래서 먼저 그의 배고픈 고통을 해결해 준 것이다. 황소를 찾느라고 헤매었으니 얼마나 배가 고팠겠느냐. 이 세상에서 배고픔만큼 견디기 어려운 고통은 없느니라."

_《빨리 법구경 주석서》

❋

이전의 죄를 참회하지만, 과거로 돌아가지는 말라. 자기가 병들었을 때를 견주어 타인이 병으로 고통받을 때 환자를 애민히 여겨라. 인간 삶의 고통을 알고 있으니 자신의 고통에 견주어 일체중생이 고통받고 있음을 염두에 두라. 바른 생활을 하며 근심하지 말고 항상 정진하라. 마땅히 의왕*이 되어 많은 이들의 (마음) 병을 치료해 주어라.

_《유마경》

---

* 의왕醫王이란 중생을 치료해 주는 부처님을 상징한다. 여기에는 타인의 몸과 마음, 고통을 애민히 여기라는 자비 사상이 담겨 있다.

❀

석가모니 부처님이 살아 계실 때의 일이다. 매우 가난한 여인이 있었다. 그녀는 가난했지만 자신이 할 수 있는 성의껏 부처님과 그 제자들에게 음식[공양]을 올렸다. 어느 날 음식을 준비해서 부처님이 계시는 기원정사로 발길을 향했다. 그녀는 사찰에 당도하기 전, 개 한 마리가 배고픔에 쓰러져 길바닥에 누워 있는 모습을 발견했다. 여인은 부처님께 드리려던 음식을 개에게 먹였다. 그리고 빈손으로 부처님을 찾아갔다. 부처님께서는 그녀의 행동을 다 아시고, 그녀에게 이렇게 말씀하셨다.
"개에게 보시를 한 것은 나, 부처에게 보시를 한 것과 마찬가지이다. 그대는 매우 위대한 일을 하였다."

_《빨리 법구경 주석서》

대가 없이, 보답 없이

❧

보시를 하는 사람은 부처님께 직접 올리는 마음으로 그 받는 대상이 누구이든 간에 정성스럽게 보시해야 한다. 설령 걸인에게 보시할지라도 부처님께 보시하는 것과 똑같이 복전福田이라 생각하고 해야 한다. 되갚음을 바라지 않으면서 성인이든 중생이든 간에 평등한 마음으로 보시하는 것이 진정한 법보시이다.

_《유마경》

❀

중생에게 덕을 베풀되 되갚음을 바라지 말고, 일체중생을 대신해 내가 고통받으며, 지은 공덕을 그들에게 회향한다.

_《유마경》

❁

수보리가 부처님께 이런 질문을 하였다.

"보리심을 낸 보살은 어떻게 살아야 합니까? 그리고 어떻게 그 마음을 다스려야 합니까?"

"중생을 제도하고도 제도했다는 상相[집착심·분별심·관념]을 갖지 말라. 보살이 상을 갖고 있으면 진정한 수행자라고 할 수 없다. 그리고 보시를 하되 관념을 갖지 말고 무주상보시*를 실천하라."

_《금강경》

---

* 무주상보시無住相布施란 집착 없이 베푸는 보시를 의미한다.

❀

남에게 공덕을 베풀려고 마음먹었으면 그 대가를 바라지 말라. 대가를 바라고 공덕을 베풀면 본래의 순수함이 사라진다. 그래서 성인은 이런 말씀을 하셨다.
"덕을 베풀고 난 뒤에는 베풀었다는 관념을 두지 말라."

_《선문일송》〈보왕삼매론〉

계급_ 고정관념_ 구별_ 귀천_ 남성_ 동등_ 동물_ 무심_ 미물_
부처_ 분별_ 불성_ 사견_ 산목숨_ 생명_ 성불_ 신분_ 여성_ 연민_
정견_ 중생_ 차별_ 차이_ 축생_ 출신_ 태생_ 평등_ 폭력_

8장

아무도 해치지 말라, 누구도 차별하지 말라

행위에 의해 천한 사람이 되기도 하고,
귀한 사람이 되기도 한다.

생명의 가치는 동등하다

🙏

모든 생명은 폭력을 무서워하고 죽음을 두려워한다. 그러니 이러한 이치를 자신에게 견주어서 모든 생명에 대해 폭력을 휘두르거나 죽이지 말라. 모든 생명은 채찍을 두려워하고, 살기를 좋아한다. 자신의 생명을 소중히 여기는 것처럼, 남을 죽이거나 해롭게 하지 말라.

_《법구경》

이 세상의 모든 남자는 나의 아버지였고, 모든 여인은 나의 어머니였다. … 끝없는 옛적부터 금생에 이르는 동안 육도 중생이 나의 부모와 형제 아님이 없다. 산목숨을 잡아먹는 것은 곧 나의 부모를 죽이는 것이고, 나의 옛 몸을 먹는 것이다. 모든 흙[地]과 물[水]은 나의 옛 몸이고, 불[火]과 바람[風]은 나의 본체이다.

_《범망경》

부처님께서 사위성 시내에 탁발하러 나갔다가 동네 청년들이 막대기로 뱀 한 마리를 두들겨 패는 모습을 목격했다. 부처님께서 그들에게 물었다.

"나약한 생명체에 무엇을 하느냐?"

동네 청년들은 이구동성으로 말했다.

"뱀이 우리를 물까 봐 막대기로 쳐 죽이려고 합니다."

그러자 부처님께서 그들에게 이렇게 말씀하셨다.

"만약 너희가 해침을 당하고 싶지 않거든 너희도 다른 이를 절대 해쳐서는 안 된다. 너희가 다른 이를 해친다면 너희는 다음 생에 행복할 수 없다. 자기도 행복을 추구하면서 다른 사람[존재]이 행복을 추구하는 것을 방해해서는 안 된다."

_《빨리 법구경》

자신보다 더 소중한 존재는 이 세상에 없다. 내가 이러하듯 다른 사람도 똑같은 생각을 할 것이다. 그러니 자기를 사랑한다면 절대 남을 해치지 말아야 한다.

_《무문자설경》

고대 인도에 한 수행자가 있었다. 수행자가 깊은 삼매에 들어 수행하고 있는데, 갑자기 비둘기 한 마리가 수행자의 품에 안겼다. 수행자의 품에 들어온 비둘기는 생명의 위협을 받고 있는지, 몸을 바들바들 떨었다. 이때 매 한 마리가 날아와 수행자에게 말했다.

"수행자님, 품 안에 있는 비둘기를 내놓으십시오."

수행자가 그럴 수 없다고 고개를 젓자, 매는 수행자에게 간절하게 말했다.

"수행자님, 저는 며칠을 굶었습니다. 저 비둘기를 잡아먹지 않으면 저는 굶어죽습니다."

"나는 출가한 수행자요. 감히 생명이 죽는 것을 뻔히 알면서 내어놓을 수 없습니다."

"당신은 참으로 어리석군요. 당신이 비둘기를 지키는 것은 훌륭한 일이지만, 저는 굶어죽어야 합니다."

수행자가 어떻게 해야 한 생명을 살릴 수 있을까를 고민하고 있는데, 매가 수행자에게 먼저 말했다.

"그러면 수행자님, 수행자님께서 비둘기 무게만큼의 살코기를 떼어 주십시오."

"살코기라면, 산목숨을 죽이지 않고는 얻을 수 없으니 내 몸의 일부를 떼어 주겠습니다."

수행자는 저울 한쪽에 비둘기를 올려놓고, 한쪽 저울에 자신의 허벅지 일부를 잘라 올렸다. 그 정도면 충분히 비둘기 몸무게와 같을 거라고 생각했으나 비둘기가 더 무거웠다. 수행자는 할 수 없이 다른 쪽 허벅지를 잘라 올렸는데, 이번에도 허벅지 살이 비둘기 무게보다 가벼웠다. 수행자는 자신의 다른 부위 살을 잘라 올렸는데 이번에도 비둘기가 훨씬 무거웠다. 할 수 없이 수행자는 자신이 직접 저울 위에 올라갔다. 그제야 자신의 무게와 비둘기의 무게가 똑같아졌다.*

_《본생경》

---

* '만물의 영장'이라고 하는 인간만큼이나 이 세상 모든 생명이 동일하게 소중함을 보여 주는 내용이다.

인권, 차별

사람은 출신에 따라 천한 사람이 되는 것이 아니다. 또한 태생에 의해 귀한 사람이 되는 것도 아니다. 행위에 의해 천한 사람이 되기도 하고, 행위에 의해 귀한 사람이 되기도 한다.

_《숫타니파타》

사람의 출신 성분을 보지 말고, 그 사람의 행위로 평가하라. 불[火]이 장작[木]에서 생겨나는 것처럼, 아무리 천한 출신일지라도 진리에 대한 믿음과 부끄러움을 안다면 이 사람은 매우 고귀한 사람이다.

_《숫타니파타》

생명이 있는 모든 존재는 구별할 수 있지만, 사람은 구별할 수 없다. 인간들 사이의 구별은 다만 명칭에 의할 뿐이다.

_《숫타니파타》

계율제일 우바리는 출가하기 전 왕족들의 머리를 깎아 주던 이발사로서, 천민 계급이었다. 왕족 출신 비구들은 우바리 같은 천민을 출가 교단에 받아들이는 것조차 달갑지 않게 여기며 부처님의 사상을 의심하기까지 했다. 왕족 출신 비구들은 '왜 여래가 우바리와 같은 하천한 사람을 출가시켜서 사람들로 하여금 이 출가 교단에 대해 믿음을 저버리게 하고, 많은 사람들이 신심을 버리도록 할까?'라고도 생각했다.

그러나 부처님께서는 여래가 깨달음을 얻어 성불한 것과 마찬가지로 우바리 같은 천민도 얼마든지 출가해 해탈할 수 있으며, 많은 사람들의 존경을 받을 수 있다는 확신을 가진 분이었다.*

_《대방편불보은경》

---

* 우바리는 계율을 잘 지키는 제일인자로서, 마침내 십대제자 가운데 한 분이 되었다. 이처럼 부처님은 신분 제도가 엄격하던 시절, 계급을 부정한 사상가였다.

법 앞에 남녀 구별이 없고, 진리 앞에 누구나 평등하다.

_《중아함경》

모래는 부처님이나 보살 등 성인이 지나갈지라도 기뻐하지 않는다. 반대로 소·양·벌레가 밟고 지나가도 싫어하거나 화를 내지 않는다. 또한 진귀한 보배와 향료가 쌓여 있다고 할지라도 모래는 탐내지 않으며 똥오줌의 악취에도 모래는 싫어하지 않는다. 이런 마음을 무심이라고 한다.* 분별심을 여의어 중생이든 부처이든 여자이든 남자이든 그 어떤 것도 차별하지 않는 무심한 자가 진실로 깨달은 사람이다.

_《전심법요》

---

* 무심無心을 인도 갠지스강가의 모래에 비유한 내용이다.

사상, 종교의 평등

수보리가 말했다.

"부처님께서 말씀하신 뜻을 제가 알기로는 '가장 높고 바른 깨달음이 이것이다.'라고 할 만한 정해진 법이 없습니다."*

_《금강경》

---

* 여아해불소설의如我解佛所說義 무유정법無有定法 명아뇩다라삼먁삼보리名阿耨多羅三藐三菩提. 이 세상 그 어떤 것이든 일정한 법은 없다. 《금강경》에서는 최상의 법조차 집착하지 말 것을 강조하고 있다.

근원으로 돌아가는 성품은 두 길이 없으나 방편 따라 가는 길에는 여러 문이 있다.*

_〈능엄경〉

---

* 귀원성무이歸元性無二 방편유다문方便有多門.

고정관념과 편견을 넘어

눈앞의 경계가 마음의 헛된 움직임이라는 것을 알고 그것을 초월하라. 눈앞의 사물은 객관적으로 가치 있는 것이 아니라 주관적으로(자신의 견해대로) 만들어 낸 것에 불과하다.*

_《대승기신론》

---

* 고정관념은 그릇된 견해를 낳고, 사견邪見은 집착의 원인이 된다.

회중에 한 천녀天女가 보살들과 성문 제자들에게 하늘 꽃을 뿌렸다. 그런데 꽃잎이 보살들에게는 붙지 않는데, 성문 제자들에게만 붙었다. 스님들이 아무리 꽃잎을 떼려고 해도 떼어지지 않았다. 이때 천녀가 사리불에게 물었다.

"존자님, 왜 굳이 꽃잎을 떼려고 하십니까?"

"비구의 옷에 꽃잎이 붙어 있음은 법답지 못하기 때문입니다."

"꽃잎은 분별이 없건만, 존자님께서는 왜 그렇게 분별심을 내십니까? 출가자가 분별심을 내는 것은 여법如法한 모습이 아닙니다. 저 보살들은 분별하는 마음이 없기 때문에 꽃잎이 붙지 않은 겁니다. 마치 사람들이 두려운 생각을 품으면 귀신들이 그 틈에 장난치는 것처럼, 스님네들이 생사生死를 두려워하기 때문에 육경인 색·성·향·미·촉·법 경계들이 틈을 내는 것입니다. 두려움 없는 사람에게는 오욕이 스며들지 않는 법입니다. 번뇌나 두려움이 없는 이에게는 꽃잎이 붙지 않습니다."

_《유마경》

어느 날 부처님이 계시는 사찰에 한 고행자가 찾아와 물었다.
"저는 신의 존재를 확신합니다. 부처님께서는 어떻게 생각하십니까?"
"그것은 너의 무지無知에서 비롯된 것이다. 과거·현재·미래 어느 때에도 신은 존재하지 않는다."
그날 오후 또 다른 사람이 찾아와서 물었다.
"저는 신을 믿지 않습니다. 저는 철저한 무신론자입니다. 상식적으로 생각해도 그렇지, 신이 어떻게 존재합니까? 부처님, 당신의 생각은 어떠신지요?"
부처님께서 대답하셨다.
"그런 생각은 그대의 편견에서 비롯된 것이다. 신을 제외하고 무엇을 논할 수 있단 말인가? 이 세상에는 오직 신만이 존재할 뿐이다."
저녁이 되자 또 어떤 사람이 찾아와서 물었다.
"저는 이 세상에 신이 존재한다고 믿습니다. 그런데 또 한편 생각하면 신이 없는 것도 같습니다. 진정 신은 존재할까요, 존재하지 않을까요? 부처님의 고견高見을 듣고 싶습니다."

이번에는 부처님께서 아무 말씀도 하지 않으셨다. 저녁에 찾아온 세 번째 사람이 떠나자, 곁에 있던 제자가 물었다.

"부처님께서는 어찌하여 대답이 일관되지 않으십니까? 아침에는 '신이 없다.'라고 하시고, 오후에는 '신이 있다.' 하시고, 저녁에는 아무 말씀도 하지 않으시니 어떤 것이 정확한 대답입니까?"

"신이 존재하든 존재하지 않든 그 어떤 것도 중요하지 않다. 내 답변이 똑같지 않은 것은 단지 그들의 고정관념을 타파하기 위한 것이었다."

_《잡아함경》

우리 모두는 부처가 될 수 있다

상불경 보살은 비구·비구니·여자·남자, 그 어느 누구를 만날지라도 이렇게 말했다.

"당신을 존경합니다. 당신은 부처님이 되실 분이기 때문입니다."

"혹 당신이 저를 악한 마음으로 꾸짖고 때릴지라도 저는 당신을 존경하고 공경합니다. 당신은 명상을 하면 참된 부처님, 참된 성자가 될 수 있는 참본성을 갖고 있기 때문입니다."*

_《법화경》

---

* 사람들은 이런 그를 경멸했으나 상불경 보살은 굴하지 않고 "그대들은 보살도를 행하여 마땅히 성불할 것"이라고 하였다. 이것이 바로 상불경 보살의 서원이다.

모든 중생들은 자신의 번뇌 속에 가려져 있는 불성을 알지 못하고 있다. 이는 마치 가난한 사람이 자기 집 내부에 순금이 있는 것을 모르고 있는 것과 같다.

_《열반경》

당나라 때 마조의 제자 가운데 '대주 혜해'라는 스님이 있었다. 혜해가 처음으로 마조를 찾아갔을 때이다. 제자가 스승에게 인사를 올리자 마조가 물었다.

"여기에 무슨 일로 왔는가?"

"불법을 구하기 위해 스님을 찾아왔습니다."

"어찌하여 너의 보물 창고를 집에 놔두고 쓸데없이 돌아다니기만 하는가? 나에게는 아무것도 없다. 불법 따위는 찾아서 무얼 하겠느냐?"

"제 보물 창고라니요, 무슨 말씀이십니까?"

"지금 '진리를 구하고자 왔다.'라고 말하고 있는 자네가 바로 그 보물 창고라네. 자네는 모든 것을 다 갖추고 있어 조금도 부족한 것이 없네. 또한 쓰려고 하면 얼마든지 마음먹은 대로 쓸 수도 있네."

_《마조록》

"그대[6조 혜능]는 어디에서 왔느냐, 무엇을 구하고자 하느냐?"
"저는 영남의 신주라는 땅의 백성이온데, 멀리서 스승을 뵙고자 왔습니다. 오직 부처가 되기를 바랄 뿐이지 다른 것을 구하려는 뜻이 없습니다."
"네가 살던 영남은 예전부터 오랑캐 땅으로, 너는 오랑캐에 불과하거늘 어찌 하천한 신분으로 부처가 될 수 있겠는가?"
"사람에게는 비록 남과 북이 있을지언정 불성佛性에 어찌 남북이 있겠습니까? 스승님[5조 홍인]과 오랑캐가 다르지 않은데, 어찌 불성에 차별이 있겠습니까?"

_《육조단경》

부처님께서 천안天眼으로 일체중생을 관찰하시고 이런 말씀을 하셨다.

"기이하고 기이하다. 모든 중생들이 여래의 지혜를 갖추고 있으면서도 어리석고 미혹하여 알지 못하고 보지 못하고 있구나. 내가 마땅히 성인의 진리로써 그 허망한 생각과 집착을 여의케 하고 자기의 몸속에 있는 여래의 광대한 지혜가 부처와 다름이 없다는 것을 가르쳐야 하리라."*

_《화엄경》

---

* 《법화경》의 여아등무이如我等無異, 《화엄경》의 여불무이與佛無異, 《여래장경》의 여아무이如我無異는 바로 중생과 부처가 동등한 성품을 갖고 있다는 의미이다. 이는 석가모니 부처님이 수행해 깨달은 것처럼, 모든 중생이 수행하면 누구나 부처가 될 수 있는 가능성의 존재임을 시사한다.

부처는 자성自性 가운데서 이루는 것이니 몸 밖에서 구하지 말지니라. 자성을 모르면 곧 중생이요, 자성을 알면 곧 부처이다.

_《육조단경》

일체중생이 다 불성을 가지고 있다.*

_《열반경》

---

* 일체중생실유불성一切衆生悉有佛性.

마치 소금이나 꿀이 어디에 섞이더라도 본성이 살아 있는 것처럼, 어떤 번뇌에 섞이더라도 불성은 존재한다.

_《열반경》

마음과 부처, 중생 이 셋은 차별이 없다.*

_《화엄경》

---

* 심불급중생心佛及衆生 시삼무차별是三無差別.

일체중생이 모두 불도를 이룰 수 있다.*

_《법화경》

---

* 일체개당一切皆當 성득불도成得佛道.

일체중생은 모두 여래장을 가지고 있다.*

_《승만경》

* 일체중생유여래장一切衆生有如來藏.

중생은 본래 성불되어 있는 존재이다.*

_《원각경》

---

* 중생본래성불衆生本來成佛.

일체중생은 본래 열반에 있으며 무루지성無漏智性을 본래 스스로 구족하고 있다.*

_《열반경》

---

* 일체중생본래열반一切衆生本來涅槃 무루지성본자구족無漏智性本自具足. 여기서의 《열반경》은 대승 중기 경전에서의 《열반경》이다.

위로는 제불에서부터 아래로는 준동함영蠢動含靈[꿈틀거리는 벌레]에 이르기까지 모두 불성을 지니고 있다. 그 마음의 본체는 동일하다. 그런 까닭에 달마가 서쪽에서 오셔서 일심법을 전했으며, 모든 중생이 본래 부처임을 바로 가리키셨다.

_《완릉록》

고통_ 늙음_ 몸_ 무상_ 목숨_ 병_ 사별_ 생로병사_ 생사_
슬픔_ 애도_ 열반_ 육신_ 죽음_ 필연_ 호흡_

9장

죽음을 직시하라

너무 슬퍼하지 말라.
이를 면할 자는 아무도 없다.

병듦과 죽음 앞에서

❈

부처님께서 한 사문에게 물었다.
"사람의 목숨이 얼마 동안에 있느냐?"
한 사문이 대답하였다.
"며칠 사이에 있습니다."
"그대는 아직 도를 모른다."

다시 다른 사문에게 물었다.
"사람의 목숨이 얼마 동안에 있느냐?"
"밥 먹는 사이에 있습니다."
"그대도 아직 도를 모른다."

다시 다른 사문에게 물었다.
"목숨이 얼마 동안에 있느냐?"

"호흡과 호흡 사이에 있습니다."

부처님께서 말씀하셨다.

"훌륭하구나. 그대야말로 도를 바르게 아는 것이다."

_《사십이장경》

어떤 사람이 황량한 들판을 걷다가 미친 코끼리에 쫓겨 도망가다 우물에 빠졌다. '코끼리로부터 해방되어 다행이다.'라고 안심하고 아래를 보니, 그 우물 밑에 네 마리의 독사가 우글거리고 있었다. 이 사람은 엉겁결에 우물 위 칡넝쿨을 붙잡았다. 밑으로 내려가자니 네 마리 독사가 있고, 다시 위로 올라가자니 미친 코끼리가 버티고 서 있었다.

칡넝쿨을 붙잡고 있어 다행이라고 생각하고 죽지 않으려고 안간힘을 쓰고 있는데, 설상가상으로 칡넝쿨을 각각 검고 흰 두 마리 쥐가 갉아먹고 있었다. 진퇴양난에 빠져 있던 이 사람은 '더 이상 살아갈 수 없겠구나.'라는 절망감이 들었는데, 마침 칡넝쿨에서 꿀이 똑똑 떨어지고 있었다. 이 사람은 이전의 위급했던 상황을 까마득히 잊고 꿀의 달콤한 맛에 취하였다.*

_《불설비유경》

---

* '황량한 들판'은 사바세계, '우물에 빠진 사람'은 어리석은 중생들, '미친 코끼리'는 누구나 피하고자 하는 죽음, '네 마리 독사'는 사대四大로 구성된 육신, '두 마리 쥐'는 낮과 밤을 상징하는 세월, '칡넝쿨'은 삶의 애착, '꿀'은 인간의 오욕락을 상징하는 것이다. 생사의 갈림길에서도 인간은 욕망에 빠져 있음을 비유한 이야기이다.

❀

한 거사가 아들을 잃고 깊은 절망에 빠져 매일 아들의 무덤가에 찾아가 눈물을 흘렸다. 부처님이 그에게 말씀하셨다.

"재가 신자여, 너무 슬퍼하지 말라. 죽음이란 어느 가정에서나 일어나는 현상이다. 죽음은 인간을 비롯한 모든 존재에게 필연적으로 일어나는 것이다. 이를 면할 자는 아무도 없다. 바르게 죽음을 직시하라. 몸과 마음에서 일어나고 사라지는 모든 현상을 잘 관찰하여 마음을 고요하게 하여라. 자식의 죽음을 슬퍼하다가 어느 사이에 그대 또한 숨이 멈출지 모르는 일이다. 그대는 이 일로 해서 슬퍼하거나 노여워 말라."

_《빨리 법구경》

❀

부처님 재세 시, 여성 신도 위사카가 손녀의 죽음을 매우 슬퍼하자 부처님께서 위사카에게 이런 말씀을 하셨다.

"위사카여, 너는 사위성에서 매일 사람들이 죽어 가는 것을 보지 않느냐? 사위성에서 죽어 가는 모든 사람을 너의 손녀로 생각한다면 너는 끊임없이 눈물을 흘리고 슬퍼해야겠구나. 그러면 마음이 얼마나 힘들겠느냐? 어린아이의 죽음 때문에 네 건강을 크게 해치지 않는 것도 중요하다. 슬픔과 두려움은 지나친 애정 때문에 생기는 것이다."

_《빨리 법구경》

❄

과부 고따미 여인은 자식이 죽자 반실성을 하여 부처님을 찾아갔다. 부처님께서 말씀하셨다.

"이 세상에 너만 아들을 잃어버린 것이 아니다. 네가 깨달은 것처럼 모든 생명에는 반드시 죽음이 있느니라. 죽음은 중생이 자기의 욕망을 다 채우기도 전에 그를 저세상으로 데려가 버린다. 사람이 살면서 네 가지를 면할 수 없다.

첫째로 이 세상 모든 것은 영원한 것이 없는 것이요, 둘째로 아무리 부귀하더라도 반드시 빈천해지는 것이며, 셋째로 어떠한 것이든 모이면 흩어지기 마련이고, 넷째로 건강한 육신을 가진 사람도 때가 되면 반드시 죽기 마련이다."

_《잡비유경》

❋

젊은 사람도, 중년이 된 사람도, 어리석은 사람도, 지혜 있는 사람도, 모든 사람은 죽음 앞에 굴복한다. 살아 있는 모든 존재는 반드시 죽게 되어 있다.

_《숫타니파타》

❋

사람에게 믿지 못할 네 가지 일이 있다. 첫째로 아무리 젊어도 반드시 늙게 되어 있고, 둘째로 아무리 건강해도 마침내 죽게 되어 있으며, 셋째로 육친六親이 함께 즐기다가 언젠가는 헤어질 수밖에 없고, 넷째로 아무리 재산을 많이 쌓아 두어도 마침내 흩어지게 되어 있다.

_《법구비유경》

죽음에 가까워져 삶에 애착 부리지 않고, 과거에 얽매이지 않으며, 현재에 망상 피우지 않는다면 미래에도 당연히 걱정하거나 괴로워할 것이 없다.

_《숫타니파타》

❈

모든 것을 물거품 같다고 관(觀)하라. 이 세상의 모든 존재를 아지랑이 같다고 보아라. 이렇게 세상을 관찰하는 사람은 생사[번뇌]에 얽매이지 않는다.

_《법구경》

❁

목숨이 다해 식識이 떠나면, 가을 들판에 버려진 표주박처럼 살은 썩고 앙상한 백골만 뒹굴 것이다. 무엇을 즐거워하고 애착할 것인가?

_《법구경》

❋

자식도 믿을 것이 못 되고, 부모·형제도 믿을 것이 못 된다. 죽음에 다다라서 숨이 끊기려고 할 때 나를 구원해 줄 사람은 아무도 없다.

_《법구경》

호화롭던 임금의 수레도 언젠가는 부서지듯 우리 몸도 늙으면 형체가 썩는다. 오직 선업善業과 덕德으로만 괴로움을 면할 수 있다. 이는 모든 성인들이 한결같이 하신 말씀이다.

_《법구경》

❄

이 세상에 미련을 가지고 집착해도 인간은 죽음을 면치 못한다. 인생은 매우 짧다. 백 살도 못 채우고 눈을 감게 되어 있다. 아무리 오래 살려고 발버둥 쳐도 결국 노쇠老衰해 죽는다.

_《숫타니파타》

❇

'저 죽은 시체도 얼마 전까지 살아 있던 사람으로서, 지금 내 몸과 같았을 것이다. 현재 살아 있는 이 몸도 언젠가는 저 시체와 똑같이 될 것이다.'라고 사무쳐 알고 안팎으로 관조해 몸에 대한 욕망을 버려야 한다.

_《숫타니파타》

❄

사람의 목숨은 정해져 있지 않다. 얼마나 살다 죽을지 아무도 모른다. 인생은 애처롭고 짧은 데다 늘 고통을 수반하고 있다. 이 세상에 태어난 존재는 죽음을 피할 길이 없다. 늙으면 죽음이 자연스럽게 찾아온다. 생명 있는 존재는 다 이러하다.

_《숫타니파타》

❈

'나쿨라'라는 장자가 석가모니 부처님께 찾아와서 물었다.
"부처님, 저는 늙은 데다 몸에 병이 많아 온갖 근심과 괴로움이 저를 괴롭힙니다. 부처님의 좋은 가르침을 듣고자 합니다."
"네 말과 같이 몸에는 갖가지 병이 있어, 그 병으로 인해 인생에서 괴로움을 느끼게 하고 마음의 의욕을 상실케 한다. 장자여! 육신이란 믿을 것이 못 된다. 그 육신은 다만 엷은 가죽으로 둘러싸여 있을 뿐이다. 그 육신을 의지하는 사람은 실로 잠시 동안의 즐거움이 있을 뿐이니, 육신에서 즐거움을 찾는 것은 어리석은 행동이다. 지혜로운 행이 아니다. 그러므로 장자여! 비록 육신에 병이 있을지라도 마음의 병만큼은 생기지 않도록 하라. 장자여! 이 점을 마음에 새겨 두고 공부할지니라."

_《증일아함경》

❋

어느 날, 몇 비구들이 천안제일 아나율 존자에게 물었다.
"어떻게 하면 수행자가 고통 없이 목숨을 마칠 수 있습니까?"
"수행자가 탐욕을 멀리 여의고 그릇된 행동을 하지 않으며, 선정 삼매를 얻는다면 고통 없이 목숨을 마칠 수 있다."

_《중아함경》

제자들이여, 그대들은 근심하거나 괴로워하지 말라. 어떤 존재이든 생겨나면 지상에 잠시 머물다 파괴되어 사라지는 법이다. 어떻게 영원할 수 있겠는가. 아무리 죽지 않으려고 발버둥 쳐도 죽음은 찾아오고, 아무리 아끼는 물건이라고 해도 점차 사라지는 법이다. 내가 전에 말하지 않았는가. 사람은 모이면 반드시 흩어지게 되어 있다. 나도 오래지 않아 열반에 들 것이다. 열심히 수행 정진할지니라.

_《대반열반경》

❄

아난 존자가 부처님의 발을 어루만지며 이렇게 말했다.

"세존이시여, 왜 이렇게 되었습니까? 쭈글쭈글 주름이 심하십니다. 여래의 몸이 예전과 다릅니다."

"그렇다. 아난이여! 지금 여래의 몸은 쭈글쭈글 심하게 주름이 생겼다. 오늘의 이 몸은 예전과 다르다. 왜냐하면 대개 육신을 받으면 병의 핍박을 받기 때문이다. 병들어야 할 중생은 병의 핍박을 받고, 죽어야 할 중생은 죽음의 핍박을 받는 법이다. 지금 여래는 나이 팔십이 넘었다."

_《증일아함경》

가르침_ 경_ 계율_ 극락_ 누구인가_ 달_ 뗏목_ 마음_ 문자_ 본래면목_ 불국토_
사바세계_ 서방정토_ 선정_ 손가락_ 수행_ 시심마_ 실상_ 실천_ 언설_
연꽃_ 이뭣고_ 자성_ 정진_ 진리_ 진흙탕_ 탐구_ 해탈_ 행_ 화두_

10장

수행하고 정진하라

이 송장을 끌고 다니는 자가
누구인가?

나는 누구인가

이 몸을 받아 세상에 태어나기 전, 그 무엇이 내 몸이며
세상에 태어난 뒤에는 내가 과연 누구인가?
사람으로 살아가면서 잠깐 동안 '나'라고 함이요,
눈 한번 감은 뒤[죽은 뒤] 그때의 '나'는 또한 누구인가?
백 년의 세상사는 하룻밤 꿈속의 일과 같음이요,
만 리의 이 강산은 한판 노름하는 바둑판과 같다.

_《순치황제 출가시》*

---

* 청나라 3대 황제인 순치제順治帝는 황위를 내려놓고 출가했다는 전설이 있다.

부모에게서 태어나기 이전, 본래면목이 무엇인가?*

_《무문관》

---

* 부모미생지전본래면목父母未生之前本來面目. 《육조단경》에도 "선도 생각하지 말고 악도 생각하지 말라. 바로 이런 때, 어떤 것이 본래면목인가."라는 말이 있다. 이는 선사들의 문집이나 어록에 가장 많이 등장하는 화두이다. 우리나라에서도 출·재가자를 막론하고 이 화두를 많이 들고 있다.

이 송장을 끌고 다니는 자가 누구인가?*

_《선요》

---

* 타사시적시수拖死屍的是誰. 이는 우리나라보다 중국 근현대 선사들이 가장 많이 드는 화두이다. 고봉 원묘(高峯原妙, 1238~1295, 송말원초)를 비롯한 선사들의 어록마다 등장한다.

중생의 육신은 지地·수水·화火·풍風 사대四大로 구성되어 있음이요, 그 지·수·화·풍이라는 말도 단지 이름 붙였을 뿐이다. 사대 어디에도 '나'라고 할 만한 실체가 없다. 어디에도 '나'가 없나니 그것은 마치 허깨비와 같다.

_《사십이장경》

사대四大 원소를 자기의 신체로 잘못 인식하고, 육근六根에 인연한 그림자를 자기의 마음으로 잘못 인식하고 있다.

_《원각경》

❈

백장은 설법이 끝나고 대중들이 법당 밖으로 나가려고 뒤돌아섰을 때, 그들을 향해 큰 소리로 이렇게 불렀다.

"이보게들!"

대중들이 얼떨결에 놀라 고개를 돌리면, 백장은 이렇게 말했다.

"이것이 무엇인고[是甚麼]?"

_백장 회해 선사(720~814, 당나라)

만약 마음으로 염불한다면, 또 그 마음은 어떻게 생긴 물건인지 아무리 헤아려도 알 수 없다. 이처럼 '누구인가?'에 가볍게 의심을 일으켜야 한다. 염불시수念佛是誰 네 글자 가운데 가장 중요한 것은 수誰이며, 나머지 세 글자는 그것을 늘려 말한 것에 불과하다. '옷 입고 밥 먹는 자는 누구인가?' '해우소에서 볼일 보는 자는 누구인가?' '번뇌를 타파하려는 자는 누구인가?' 혹은 '알고 느끼는 자는 누구인가?'라고 해도 마찬가지이다. '누구인가[誰]?' 화두야말로 참선의 묘법이니, 언제 어느 때 무엇을 하든 간에 '누구인가?' 하나를 들면 곧 쉽게 의정疑情이 일어난다. 서 있든 걸어가든 앉아 있든 누워 있든 그대가 어떤 행을 하든 간에 이 '누구인가?' 하나만을 궁구하라.[1]

_허운 대사 법어

문수사리가 물었다.

"거사님, 병이 있는 보살은 어떻게 그 마음을 다스려야 합니까?"

유마힐이 답했다.

"질병이 있는 보살은 이런 생각을 해야 한다. '나의 이 병은 과거 전생의 전도망상인 번뇌로부터 생긴 것이다. 실다운 것이 없거늘 누가 이 병을 받는가?' 왜 그런가 하면, 사대四大가 합해서 거짓으로 이 몸이라고 하기 때문이다. 사대 각각은 주인이 없고, 몸 또한 주체가 없다. 또한 이 병이 생긴 것은 다 '나'라는 존재에 집착함으로부터 발생한 것이다. 그러니 '나'라는 존재에 집착을 내지 말아야 한다."

_《유마경》

마음이란

마음, 마음, 마음이여! 너그럽고 좋을 때는 천하를 다 주어도 아깝지 않으나 한 번 옹졸해지고 싫으면 바늘구멍 들어갈 틈도 없다.

_《달마어록》

마음이 있으면 가지가지 만물이 생겨나고

마음이 없으면 가지가지 모든 만물조차 사라진다.*

_《대승기신론》

---

* 심생즉종종법생心卽種種法生 심멸즉종종법멸心卽種種法滅. 《능가경》에도 등장하며 스님들의 어록에도 많이 나오는 문구이다. 원효 대사도 의상 대사와 유학을 가던 중, 당항성 근처 무덤가에서 해골 물을 마시고 이 게송을 읊었다.

모든 것은 마음에 근거하고, 마음을 근본으로 하며, 마음에 의해 만들어진다. 즉, 마음속에 악한 것을 생각하면[意業] 말과 행동까지 거칠게 된다[口業, 身業]. 이로 인해 죄업이 따른다. 마치 수레를 따르는 수레바퀴처럼.

_《법구경》

마음은 화가와 같아서 모든 세간을 그려 낸다. 오온이 마음을 따라 생겨나는 것이니, 이 세상 모든 것들은 이렇게 만들어지지 않은 것이 없다. 마음과 같이 부처 또한 그러하고, 부처와 같이 중생 또한 그러하다. 마음과 부처, 중생 이 셋은 차별이 없다.

_《화엄경》

소가 물을 마시면 우유를 만들고, 뱀이 물을 마시면 독을 만든다.

_《화엄경》

같은 물이라도 천인天人은 보석으로 장식된 연못이라고 보고, 인간은 단지 물로 보며, 아귀는 피[血]로 보고, 물고기는 자신의 주처住處로 여긴다.

_유식학 이론*

---

* 《대승아비달마잡집론》 5권, 《성유식론》 7권, 《섭대승론》 4권 등 여러 유식론에 인용되어 있다.

사람들이 마음에 부처님을 생각하면 그 생각하는 마음 자체가 부처님의 좋은 상호相好와 모습으로 가득 차게 된다. 마음이 부처님을 생각할 때 그 마음에 부처님이 나타나는 것이므로 마음이 부처님을 만들어 내는 것과 같다. 따라서 이 마음이 곧 부처이다.

_《무문관》

한 학인이 뜰에 있다가 바람에 펄럭이는 깃발을 보고, 말했다.
"바람이 움직이는 것이다."
옆에 있던 학인이 말했다.
"깃발이 움직이는 거다."
두 학인의 논쟁이 끝나지 않자 혜능이 말했다.
"바람이 움직이는 것도 아니고, 깃발이 움직이는 것도 아니다. 오직 그대들의 마음이 움직이는 것이다."

_《무문관》

진리와 언설

일체의 모든 모습과 성품이 허깨비와 같다. 그러니 그대는 조금도 두려워 말라. 일체의 언설도 이와 같다. 지혜 있는 사람은 말과 문자에 집착하지 않고 두려워하지도 않는다. 왜냐하면 문자의 본바탕이 본래 공(空)한 것이니 문자가 없는 것이 곧 해탈이며, 해탈의 모양이 곧 모든 법이기 때문이다.

_《유마경》

부처님께서 말씀하셨다.

"그대들 비구들은 나의 설법을 뗏목과 같이 여겨야 한다. (바른) 법도 오히려 버려야 하거늘 하물며 법 아닌 것을 취해서 무얼 하겠느냐?"

_《금강경》

❖

(여래인) 내가 어느 날 밤 최정각을 얻고 나서 그 후 반열반般涅槃에 들 때까지 그 중간에 한 자도 설하지 않았으며, 또한 이전에 말한 것도 없고, 앞으로도 설할 것이 없다.*

_《능가경》

---

* 설하지 않았다고 하는 말뜻은 첫째, 불자들이 언어에 집착해 본질을 보지 못함에 대한 경고이고 둘째, 여래가 법을 설했다고 하지만 이는 중생들을 이끌기 위한 방편이라는 뜻이다. 셋째, 부처 역시 중생에게 법을 설해 중생을 제도했다는 관념을 갖고 있지 않다[무주심無住心]는 말이다.

어리석은 사람을 위해서 손가락으로 물건을 가리킬 때에 어리석은 사람은 손가락을 쳐다볼 뿐 달은 쳐다보지 않는다. … 이처럼 문자에 집착하는 자는 자신의 참다운 성품을 보지 못한다.

_《능가경》

있는 그대로 보라

진리를 본다는 것은 사물을 있는 그대로 보는 것이다[如實知見]. 진리를 본다는 것은 눈이 생기고, 지혜가 생기며, 지식이 생기고, 자연에 대한 관찰력이 생기며, 빛이 생기는 것이다.

_《잡아함경》

❖

당나라 때 유학자 이고(772~841)가 약산 유엄(745~828) 선사를 찾아가 물었다.

"도란 어떤 것입니까?"

약산이 한 손은 하늘을 가리키고, 다른 한 손은 땅을 가리키면서 말했다.

"구름은 하늘에 있고, 물은 병 속에 있다."

_《전등록》

산은 산이요, 물은 물이다.*

_《전심법요》

---

* 한자로는 "산시산山是山 수시수水是水"이다. 당나라 때 청원 유신(靑源惟信, ?~?)·몽산 덕이 선사도 이 말씀을 하셨고, 역대 선사들의 어록에도 간혹 나온다. 우리나라에서는 성철 스님이 종정에 취임하고 이 법어를 내려 널리 알려져 있다.

봄에는 꽃이 피고, 여름에는 시원한 바람이 불며, 가을에는 달이 뜨고, 겨울에는 눈이 내린다. 망상에 사로잡히지만 않는다면 모두가 좋은 계절이다.

_《무문관》

실천의 중요성

(경전을 읽는데) 마음으로 반조하지 않으면 경을 보아도 이익이 없고, 정법에 의거해 수행하지 않는다면 고행을 해도 아무 이익이 없다.*

_《청매집》〈십무익〉

---

* 심불반조간경무익心不返照看經無益 불심정법고행무익不心正法苦行無益.

백거이(772~846)는 호가 낙천樂天이다. 그가 항주 자사로 있을 때, 그 지방의 고승 조과 도림(741~824)을 방문하였다. 이 스님은 새가 나무 위에 둥우리를 짓고 사는 것처럼 나무 위에서 좌선을 한다고 하여 조과鳥窠라고 하였다. 백낙천이 스님을 찾아와 말했다.

"큰스님, 제가 평생에 좌우명을 삼을 만한 법문을 듣고자 왔습니다."

"모든 악한 행동 하지 말고, 좋은 일들만 받들어 행하며, 스스로 자기 마음을 깨끗이 하라. 이것이 모든 부처님의 가르침이다."*

"그거야 삼척동자도 아는 일 아닙니까?"

"삼척동자도 알기는 쉬워도 팔십 먹은 노인도 행하기는 어려운 것일세."

_《전등록》

---

* 제악막작諸惡莫作 중선봉행衆善奉行 자정기의自淨其意 시제불교是諸佛敎. 이 구절은 《법구경》뿐 아니라 여러 경전에 언급되어 있다. 이 게송은 어떤 부처님이 세상에 출현한다고 해도 이 말씀을 하실 것이라 하여 '칠불통계게七佛通戒偈'라고 한다. 중국에서는 이 문구가 사찰 주변 바위나 당우 벽에 많이 새겨져 있다.

경을 아무리 많이 외우더라도 수행하지 않은 사람은 마치 남의 소를 보살펴 주고 수고비를 받는 목동과 같으며, 수행을 실천하는 사람은 목장의 주인과 같다.

_《법구경》

사랑스러운 예쁜 꽃이 빛깔만 곱고 향기가 없는 것처럼, 아무리 훌륭한 말도 행이 따르지 않는다면 열매를 맺지 못하는 것과 같다. 예쁜 꽃이 빛깔도 곱고 향기가 있는 것처럼 훌륭한 말과 더불어 좋은 행위가 따라 준다면 반드시 복덕과 행복을 얻는다.

_《법구경》

듣는 것만으로는 불법을 알 수 없다. 예를 들면 아무리 맛있는 음식이 많이 있어도 입으로 먹지 않으면 굶어 죽는 것이요, 온갖 약을 알고 있는 훌륭한 의사일지라도 스스로의 병은 고치지 못하는 것처럼, 진리는 듣는 것만으로 공부가 되는 것이 아니다. 또 가난한 사람이 밤낮으로 남의 돈과 보물을 헤아려도 자신에게 한 푼도 없는 것과 같고, 맹인에게 멋있는 그림을 보여 주어도 보지 못하는 것과 같으며, 물속에 떠다니면서도 물을 마시지 못하고 목말라 죽는 사람처럼, 불법은 듣는 것만으로 공부가 되는 것이 아니다. 스스로의 실천이 반드시 필요하다.

_《화엄경》

미혹한 사람은 입으로 외우고, 지혜로운 사람은 마음으로 행한다.

_《육조단경》

깨달음은 번뇌 속에 있다

사람 사는 세상에 불법이 있으니 세간을 떠나서는 깨달음을 얻을 수 없다. 세간을 벗어나서 도를 추구하는 것은 흡사 토끼에게서 뿔을 찾는 것과 같다.*

_《육조단경》

---

* 불법재세간佛法在世間 불리세간각不離世間覺 이세멱보리離世覓菩提 유여멱묘각猶如覓卯角.

연꽃은 맑은 고원의 물에서보다는 오히려 진흙밭에서 꽃을 피운다. 번뇌의 바다에 들어가지 않으면 지혜의 보물을 얻을 수 없다. 불도는 굳이 깊은 산골에 들어가 수행하는 것이 아니라 일상생활을 전개하면서 불법을 버리지 않는 곳에 있다.[*]

_《유마경》

---

* 번뇌즉보리煩惱卽菩提 생사즉열반生死卽涅槃. '번뇌가 일어난 그 자리가 깨달음의 자리이며 생사가 일어난 그 자리가 열반의 자리'라는 뜻이다.

유마 거사가 문수보살에게 물었다.

"어떤 것이 여래의 종자種子[불성]입니까?"

문수보살이 답변하였다.

"육십이견六十二見과 일체 모든 번뇌가 모두 부처 되는 종자이다. 왜냐하면 출세간법出世間法으로는 아뇩다라삼먁삼보리심을 내지 못한다. 마치 높은 육지에서는 연꽃이 나지 못하고 낮고 질척한 진흙탕에서만 피어나는 것과 같다."

_《유마경》

진흙이 많으면 불상이 커지고, 물이 깊으면 배가 높이 뜬다.*

_《보등록》

* 니다불대泥多佛大 수장선고水長船高.

청정 계율

부처님과 제자들이 파탈리 마을에 도착했다. 이 소식을 들은 신자들은 부처님께 찾아와 이곳에서 며칠간 머물면서 설법해 줄 것을 청했다. 부처님께서 재가자들이 모여 있는 곳으로 가서 그들에게 말씀하셨다.

"거사들이여, 세상을 살면서 계율을 어기고 그릇된 행동을 하는 사람에게는 다섯 가지 재난이 따른다.

첫째, 인간으로서 그릇된 행동을 하는 사람은 반드시 방종한 생활을 하게 되고 모든 재산을 탕진하는 불운이 찾아온다.

둘째, 그릇된 행동을 하는 사람은 나쁜 평판이 따른다.

셋째, 계를 범하고 악한 행동을 하는 사람은 왕족이나 바라문, 사문 등 아무리 훌륭한 선지식을 만나더라도 두려움과 부끄러운 생각이 든다.

넷째, 옳지 못한 행위를 하는 사람은 마음이 미혹되고 혼란한 상태로 죽음을 맞이하게 된다.

다섯째, 악한 행동을 하는 사람은 죽어서 다음 세상에 태어날 때 지옥이나 축생 등 악도에 태어난다.

그런데 반대로 계율을 잘 지키고 선한 행위를 하는 사람은 재산이 늘어나고 좋은 명예를 얻으며, 바라문과 사문을 만나더라도 부끄러움이 없고 당당하다. 또한 죽을 때 평온한 마음으로 죽음을 맞이하고, 다음 생에 하늘에 태어나거나 사람으로 태어난다면 좋은 부모를 만나게 된다."

_《대반열반경》

계율이 청정하면 선정을 얻음이요, 선정을 얻으면 지혜를 얻고 지혜를 얻으면 해탈을 얻으며, 곧 무여열반無餘涅槃하게 될 것이다.

_《증일아함경》

다섯 명의 재가 신자가 재일을 맞아 기원정사에 와서 계를 받고, 재일을 지키며 수행하고 있었다. 이때 이들은 재가 신자가 꼭 지켜야 하는 다섯 가지 계율[五戒]에 대해서 저마다 자기가 내세우는 어떤 계 하나가 더 지키기 어려운 계라고 주장하며 열띤 토론을 벌였다. 결론이 내려지지 않자, 부처님을 찾아뵙고 자기들이 토론한 이야기를 보고 드렸는데, 부처님께서 이렇게 말씀하셨다.

"재가 신자들이여, 너희는 어떤 특정한 계가 더 중요하거나 중요하지 않다고 생각해서는 안 된다. 각각의 계는 각각의 의미가 있고 또 전체로서도 의미가 있다. 그러므로 불자들은 모든 계를 잘 지켜야만 공덕이 있고 자기를 잘 참는 인욕이 길러지는 법이다. 다섯 가지 계 지키는 것을 절대 가볍게 여겨서는 안 된다. 그러다 보면 결국 하나의 계조차 제대로 지키지 못하게 되기 때문이다. … 불자들이여, 자기를 억제하지 못하는 것은 악행이다. 그러니 욕심내지 말라. 그 욕심이 한량없는 고통을 만들어 낸다."

_《빨리 법구경 주석서》

부처님께서 말씀하셨다.

"수행자들이여, 내가 세상을 떠난 뒤에는 아무리 작은 계율일지라도 존중해야 한다. 어둠 속에서 빛을 만난 것처럼 가난 속에서 보물을 얻은 것처럼 소중히 하여라. 계율은 바로 큰 스승과 같나니, 내가 세상에 더 머물러 있을지라도 똑같은 것이다. … 계율은 해탈의 근본이 된다는 사실을 잊지 말라. 계율을 잘 지키면 삼매에 들기 쉽고 고통을 소멸해 지혜를 얻을 수 있다. 계율을 잘 지키면 공덕이 됨이요, 계율은 공덕이 머무는 가장 적합한 곳이다."

_《유교경》

나의 전생 스승은 셀 수 없을 정도로 매우 많다. 내가 도를 얻은 것은 스승의 가르침으로 인한 것은 아니다. 하지만 여덟 분의 스승들로부터 현명하게 도를 깨달았다.

첫째 스승은 살생이다. 살생한 죄가 매우 크고 그 과보가 얼마나 고통스러운 것인지를 알기 때문에 중생을 죽이려는 마음을 내지 않으니 이것이 나의 첫째 스승이다. 둘째 스승은 도둑질이고, 셋째 스승은 삿된 음행이며, 넷째 스승은 욕과 이간질하는 말과 거짓말과 꾸밈말이고, 다섯째 스승은 술을 좋아함이요, 여섯째 스승은 늙음이요, 일곱째 스승은 병듦이요, 여덟째 스승은 죽음이었다.

_《불설팔사경》

처처안락국

사리불 존자는 '세존께서 보살행을 하실 때 마음이 청정했을 터인데, 어찌하여 이 사바세계는 청정하지 못할까?'라는 의구심을 품었다. 이에 부처님께서 사리불의 마음을 간파하고 다음과 같이 말씀하셨다.

"너는 어떻게 생각하느냐? 해와 달이 청정치 못해 눈먼 사람이 그것을 보지 못한다고 생각하느냐?"

"그렇지 않습니다. 세존이시여, 그것은 눈먼 사람의 허물이지 해와 달의 허물이 아닙니다."

"사리불아, 중생이 죄업[번뇌] 때문에 여래의 국토가 청정함을 보지 못하는 것이다. 나의 허물이 아니다. 사리불아, 나의 이 국토는 청정하지만 네가 보지 못할 뿐이다."

_《유마경》

부처님 마음으로 이 세상을 바라보면 온 세상이 불국토이건만 범부들은 번뇌로운 마음에 가득 차 있어 불국토를 사바세계로 본다.

_《상용시식의》 중 게송

탐·진·치 삼독을 버리고 늘 불법승 삼보에 귀의한다면 한 생각 한 생각마다 보리심이요, 있는 곳곳이 극락이다.*

_《상용시식의》 중 게송

---

* 돈사탐진치頓捨貪瞋癡 상귀불법승常歸佛法僧 염념보리심念念菩提心 처처안락국處處安樂國. 어떤 시간, 어떤 공간이든 자신이 머물러 있는 시공간에서 청정한 보리심만 갖고 있다면, 그 자리가 바로 극락정토이다.

마음이 청정하면 이것이 곧 자성[청정한 마음]의 서방정토西方淨土이다.

_《육조단경》

범부들은 어리석어서 자성을 모르기 때문에 제 몸속의 정토를 알지 못하고, 동방이니 서방이니 하면서 찾고 있다. 하지만 깨달은 사람은 어디에 있더라도 마찬가지이다. 부처님께서는 이렇게 말씀하신다.

"머무는 곳마다 항상 안락하다."

_《육조단경》

원각도량이 어디인가? 현재 생사가 일어나는 바로 그곳이다.*

_해인사 법보전 주련

---

* 원각도량하처圓覺道場何處 현금생사즉시現今生死卽是.

견딤_ 경계_ 받아들임_ 성인_ 성자_ 수행_
인내_ 인욕_ 지자_ 참을성_ 침묵_

11장

인내하는 자가
강한 자다

인욕은 편안한 집. 재앙과 유혹에 깃들지 아니하고
인욕은 신들의 갑옷. 어떤 무기도 침범하지 못하며

인내, 인욕

🐘

추위가 한 차례 뼈에 사무치지 않는다면 어찌 코를 찌르는 매화 향기를 얻을 수 있으리오.*

_《전심법요》

---

* 2017년 11월, 문재인 대통령은 한·중 관계 복원을 위한 정상회담에서 황벽 선사(?~856, 당나라)의 이 구절을 인용한 바 있다. "한국에는 비온 뒤 땅이 굳는다는 속담이 있다. 중국에도 '매경한고梅經寒苦', 봄을 알리는 매화는 겨울 추위의 고통을 이겨 낸다는 사자성어가 있다."

죄가 없는데도 누군가로부터 꾸짖음을 당하거나 매를 맞거나 결박을 당해도 성내지 않고 참을 줄 아는 능력을 가진 사람을 나는 위대한 성자라고 한다.

_《법구경》

자신이 원하는 일에 좋은 결과를 바란다면 인간으로서 짊어진 삶의 무게를 받아들여라. 참고 견디어 살다 보면 언젠가는 기쁜 일이 생긴다.

_《숫타니파타》

자기보다 못한 사람 앞에서 참는 것이 진정한 인욕忍辱이다.

_《잡아함경》

상대방의 얼굴에 잔뜩 화가 난 표정이 보이거든 곧 가만히 이렇게 생각하라.

'만일 내가 저 사람과 다투면 그것은 나의 위의를 저버리는 일이다. 나는 가만히 침묵하자. 저 사람과 다툰들 무슨 이익이 있겠는가?'

어리석은 자가 지혜로운 자를 이긴다면 그것은 거친 독설일 것이다. 이기고자 한다면 반드시 침묵을 지켜라. 행동이 도덕적이지 못한 사람을 보면 스스로 이런 생각을 하라.

'내가 지금 무엇 때문에 저들과 함께 행동해야 하는가? 수많은 성인들은 무슨 일이든 참는 것으로 성인이 되었다.'

밤낮으로 그 몸과 마음을 잘 다스려서 마치 불 속에 있는 것처럼 행동한다. 좋은 행위를 하면 선이 점차 늘어날 것이요, 만일 자신에게 허물이 있음을 안다면 스스로 악을 점차 줄여서 없애도록 하라.

_《출요경》

한 사문이 부처님께 여쭈었다.

"수행할 때나 살아가면서 어떤 것이 '가장 공을 들여야 하는 일'이며 어떤 것이 '가장 밝은 것'입니까?"

부처님께서 말씀하셨다.

"인욕 수행이 힘이 많이 든다. 악한 마음을 품지 않기에 (마음이) 편안하고 (신체가) 건강하다. 또한 인욕 수행을 잘한 사람은 악한 마음이 없으므로 다른 사람들의 존경을 받는다. 한편 번뇌가 모두 소멸되어 청정한 경지에 오른 자를 가장 밝은 것이라고 한다. 오랜 옛적부터 오늘에 이르기까지, 시방세계에 있는 모든 것을 보지 못하는 것이 없고 알지 못하는 것이 없으며 듣지 못하는 것이 없는 일체 지혜를 가장 밝은 것이라고 한다."

_《사십이장경》

부처님께서 말씀하셨다.

"수행자들이여, 어떤 사람이 와서 너의 사지를 마디마디 자르더라도 화를 내지 말라. 입을 잘 다스려서 나쁜 말을 삼가라. 화를 참지 못하고 행동하면 도를 해쳐서 공덕을 잃게 된다. 계율을 지키거나 고행하는 것보다 인욕하는 공덕이 매우 수승하다. 참기 어려운 일을 참았을 때, 바로 이런 사람을 성자라고 한다. 참기 어려운 경계가 닥쳤을 때, 감로수를 마시듯이 욕됨을 자연스럽게 받아들이고 웃어 넘겨라. 또한 (자신을) 비방하고 욕한 사람을 선지식으로 여기고 받아들인다면 이런 사람을 지혜로운 사람[智者]이라고 할 수 있다.

_《유교경》

어리석은 사람이 지혜로운 사람을 이긴다면, 어리석은 사람이 지자智者에게 사악한 말을 했을 때이다. 그러니 혹 어떤 이가 그대를 이기려고 든다면 반드시 침묵하라.

"어리석은 사람이 지자를 이긴다면, 어리석은 사람이 지자에게 사악한 말을 했을 때"라는 것은 무슨 뜻인가? 그는 항상 도반을 증오하고 선량한 이를 비방하며 늘 좋지 않은 말만 하기 때문에 죽을 때까지 선행善行을 하지 않는다. 악한 사람들은 서로서로 인연을 잘 맺어 산처럼 죄를 쌓으면서 그들끼리는 서로서로 칭찬하여 모두 이기기를 다툰다. 그런 악인은 세상에 불명예가 알려져 결코 깨달음의 경지에 이르지 못한다.

"혹 어떤 이가 그대를 이기려고 든다면 반드시 침묵하라."라는 말은 무슨 뜻인가? 지혜로운 자는 성인의 침묵을 칭찬한다. 역경계를 만나도 슬퍼하지 않고 순경계를 만나도 기뻐하지 않으며, 비방을 비방으로 갚지 않고, 참는 것을 원력으로 세워서 누가 때리더라도 잠자코 그것을 받으며 되갚음을 하지 말라. 그래서 침묵을 지키라고 한 것이다.

_《줄요경》

세상에서 가장 큰 복이 베풂[보시]이지만, 보시보다 인욕이 더 큰 복이다. 인욕하면서 자비를 베풀면 근심이 사라진다. 인욕은 편안한 집. 재앙과 유혹에 깃들지 아니하고, 인욕은 신들의 갑옷. 어떤 무기도 침범하지 못하며, 인욕은 커다란 배. 험난한 바다를 헤쳐 나갈 수 있고, 인욕은 좋은 약과 같아서 중생들의 생명을 구할 수 있다.

_《나운인욕경》

참는다는 것은 옳고 그름의 시비분별을 따지지 않는 것이다. 이래야 참는다고 할 수 있다. 자기의 강함을 믿고 약자를 업신여기지 않아야 한다. 만일 약자를 업신여기면 그는 여러 사람의 비웃음을 받게 될 것이다. 수많은 사람이 혹 그대를 업신여겨도 (마음의) 힘이 있는 사람은 인욕한다. 참는 것이 제일이니, 늘 인욕하여라. 인욕하는 자가 이 세상에서 가장 (마음의) 힘이 강한 자라고 할 수 있다. 신통력을 얻은 것이나 도를 얻어 좋은 상호를 갖추는 것, 깨달음을 얻는 것도 모두 인욕으로 생긴 것이다.

_《출요경》

경허 선사_ 김시습_ 나옹 혜근 선사_ 달라이라마_ 도겐 선사_
밀라레빠 스님_ 법어_ 법연 선사_ 보리달마_ 서산 대사_ 선문답_ 선사_
선승_ 선시_ 선어_ 설잠 선사_ 습득 스님_ 어록_ 영가 현각 선사_
용아 거둔 선사_ 운서 주굉 선사_ 조사_ 조주 종심 선사_ 틱낫한 스님_
하쿠인 선사_ 한산 스님_ 허당 지우 선사_ 황벽 희운 선사_

부록

선사들의 말씀

눈은 옆으로, 코는 세로로
달려 있다는 사실을 알았다.

주인공아!

당나라 때 서암언 선사는 매일 바위 위에 올라가 좌선을 하고 마친 뒤 큰 소리로 자기를 부르고 스스로 답하였다.
"주인공아!"
"네."
"눈을 똑바로 뜨고 있는가?"
"네."
"남에게 속지 말라."
"네."

_《전등록》

그렇다면 짊어지고 가거라

어느 한 수행자가 조주 종심 선사를 찾아가 물었다.
"모든 것을 버리고 한 물건도 가져오지 않을 때는 어찌해야 합니까?"
"모두 다 내려놓아라[放下着]."
"이미 한 물건도 가지고 오지 않았는데 무얼 내려놓으라는 말입니까?"
"그렇다면 짊어지고 가거라."

_《전등록》

추우면 얼려 죽이고

한 제자가 동산 양개 선사를 찾아와서 이렇게 물었다.
"매우 춥거나 너무 더우면 이를 어떻게 피해야 합니까?"
"추위와 더위가 없는 곳으로 가면 되지 않겠느냐!"
"그렇다면 도대체 어디가 추위와 더위가 없는 곳입니까?"
"추우면 얼려 죽이고, 더우면 쪄서 죽이는 곳이다."

_《벽암록》

그대의 마음을 가지고 오너라

2조 혜가가 달마에게 물었다.

"스님, 저의 마음이 너무 편안치 못합니다. 스승님께서 편안케 해 주십시오."

"그대의 마음을 가지고 오너라. 그러면 그대의 마음을 안심시켜 주리라."

"마음을 찾으려고 해도 찾을 수 없습니다."

"내가 이미 그대의 마음을 편안케 해 마쳤느니라."*

_《전등록》

---

* 이 내용이 보리달마의 안심법문安心法門이다.

누가 그대를 묶어 두었는가

4조 도신이 스승 3조 승찬을 찾아가 이렇게 말했다.
"스님의 자비로써 해탈 법문을 하나 주십시오."
"누가 그대를 해탈하지 못하도록 묶어 두었는가?"
"아무도 그런 사람이 없습니다."
"묶은 사람도 없는데 무엇을 벗어나려고 한단 말이냐?"

_《전등록》

오줌 좀 눠야겠다

한 승려가 조주 선사에게 물었다.
"스님, 인생에서 가장 다급한 일이 무엇입니까?"
그러자 조주 선사가 갑자기 일어서며 말했다.
"오줌 좀 눠야겠다. 이런 사소한 일도 몸소 이 늙은이가 해야 하는구나."

_《조주록》

불 속에서도 서늘하나니

삼복더위에 문 닫아 걸고
선사는 두툼한 가사를 수하고 계시네.
방 안에 그늘 드리울 소나무, 대나무 한 그루 없고
조용한 산속이나 물가가 아니라도
스님께서 좌선하는 데는 상관이 없네.
마음을 소멸시키면 불 속에서도 서늘하나니.

_《벽암록》

봄을 찾아 다녀도

하루 종일 봄을 찾아 다녀도
봄을 찾을 수가 없구나.
짚신이 다 닳도록 온 산을 찾아 헤매었네.
지쳐서 돌아와 우연히 뒤뜰을 거닐다 보니
매화꽃이 거기 피어 있더라.*

_작자 미상(송나라)

---

* 비구니 스님의 오도송悟道頌이다. 송나라 때 학자 나대경(?~?)이 편집한 《학림옥로鶴林玉露》 6권에 실려 있다.

눈은 옆으로, 코는 세로로

눈은 옆으로, 코는 세로로 달려 있다[眼橫鼻直]는 사실을 알았다.

_도겐 선사(道元, 1200~1253, 일본)

마음이 지옥이고 극락이라네

일본의 하쿠인 선사는 청정한 스님으로 존경받는 분이었다. 어느 날 한 무사가 스님에게 찾아와 이런 질문을 하였다.
"스님, 지옥과 극락은 정말 있는 것입니까?"
"바보 같은 놈, 죽어 봐야 알지. 낸들 어찌 알겠나. 어느 장군이 자네를 무사로 썼는지 한심하군."
무사는 스님의 모욕적인 발언에 화가 치밀어 발끈 화를 내며, 스님 목에 칼을 들이댔다. 스님은 태연하게 말했다.
"자네가 잔뜩 화가 나 있는 그 상태가 바로 지옥이라네."
스님의 말에 무사는 깨달은 바가 있어 칼을 내려놓고 스님께 용서를 구했다. 하쿠인이 말했다.
"지금 자네가 나를 용서한 그 너그러운 마음 상태가 극락이라네."

_하쿠인 선사(白隱, 1685~1768, 일본)

누가 너고, 누가 나이더냐

옳고 그름을 논하지 말라. 누가 옳고 누가 그른가? 모두가 꿈 속의 일이로다. 북망산 아래 누가 너고, 누가 나이더냐?

_경허 선사(1849~1912, 조선)

향로봉에 올라 바라보니

만국의 도성은 개미집과 같고,
천하의 수많은 호걸들도 하루살이 같도다.
청허한 베갯머리 위로 흐르는 은은한 달빛,
끝없는 솔바람 소리 하염없이 들리네.

_서산 휴정 대사(1520~1604, 조선)

무상의 소식

❖

어떤 노인이 죽은 후 염라대왕을 만나 항의했다.
"저승에 데려올 거면 진작 좀 알려 주어야 하지 않소!"
"내가 자주 알려 주었노라. 너의 눈이 점점 침침해진 것이 첫 소식이었고, 귀가 점점 어두워진 것이 두 번째 소식이었으며, 이가 하나씩 빠진 것이 세 번째 소식이었노라. 그리고 너의 몸이 날로 쇠약해지는 것을 계기로 몇 번이나 소식을 전해 주었노라."
이 이야기가 노인을 위한 것이라면 젊은이를 위한 것도 있다.

한 소년이 죽어 염라대왕에게 따졌다.
"저는 눈귀가 밝고, 이도 튼튼하며, 육신이 건강합니다. 그런데 어찌하여 대왕께서는 저에게 소식을 미리 전해 주지 않으셨습니까?"

"그대에게도 소식을 전해 주었는데 그대가 미처 깨닫지 못했을 뿐이로다. 동쪽 마을에 사십 세 된 사람이 죽지 않았는가. 서쪽 마을에 이삼십 세 된 사람이 죽지 않았는가. 또한 열 살 미만 아이와 두세 살짜리 젖먹이가 죽는 것을 보지 않았는가. 어찌 소식을 전하지 않았다고 불평하는가?"

_운서 주굉 대사(1532~1612, 명나라)

모기야, 그만 탐내어라

조그만 그 몸뚱이 남의 피로 배불리고 얼마나 탐했는지 무거워 날아가지 못하네. 모기야, 제발 사람들의 피를 그만 탐내어라. 그러다 붙잡히면 그 목숨 어이하리.

_나옹 혜근 선사(1320~1376, 고려)

죽을 때는 온몸으로 죽어라

살 때는 온몸으로 살고, 죽을 때는 온몸으로 죽어라. 높이 서려면 산꼭대기에 서고, 깊이 가려면 바다 밑으로 가라.

_경허 선사(1849~1912, 조선)

삶과 죽음이란 한 조각 구름

삶이란 한 조각 구름이 일어남이요,
죽음이란 한 조각 구름이 흩어짐이로다.
구름은 본래 실체가 없는 것,
태어나고 죽고 오고 감이 모두 이와 같도다.*

_서산 휴정 대사(1520~1604, 조선)

---

* 생야일편부운기生也一片浮雲起 사야일편부운멸死也一片浮雲滅 부운자체본무실浮雲自體本無實 생사거래역여시生死去來亦如是.

복은 근심할 때 있다

불길이 무섭게 타올라도 끄는 방법이 있고 물결이 하늘을 뒤덮어도 막는 방법이 있으니 화는 위험한 때 있는 것이 아니고 편안할 때 있으며, 복은 경사 났을 때 있는 것이 아니라 근심할 때 있는 것이다.

_설잠 선사(매월당 김시습, 1435~1493, 조선)

세력을 다 부리지 말라

세력을 다 부리지 말라. 지나치면 후회할 일이 생긴다. 복을 지나치게 추구하지 말라. 지나치면 재앙으로 변한다. 규율을 다 지키지 말라. 지나치면 집착하게 된다. 좋은 말도 다하지 말라. 말이 과하면 허물이 된다.

_5조 법연 선사(1024~1104, 송나라)

큰 그릇과 작은 그릇

큰 그릇은 다만 소용이 큰 데 쓰일 뿐이고, 작은 그릇은 작은 데 소용이 될 뿐이다. 크건 작건 그릇들은 각자 그들의 역할이 있다. 좋은 목수라면 큰 나무든 작은 나무든 결코 버리지 않는다. 어떤 나무든지 잘 사용한다. 좋고 나쁜 것은 없다. 좋은 것들은 좋은 대로, 굽은 것은 굽은 그대로 목적에 맞게 잘 사용하면 된다.

_경허 선사(1849~1912, 조선)

알음알이를 내지 말라

모든 사람들이 진리를 알지 못할까 염려되어 방편으로 '도'라는 이름을 세웠을 뿐이다. 그러니 이름에 갇혀서 알음알이를 내지 말라. 고기를 잡았으면 통발을 잊어야 한다.

_황벽 희운 선사(?~856, 당나라)

비가 오지 않아도 꽃은 지고

비가 오지 않아도 꽃은 지고 바람이 불지 않아도 풀솜은 절로 날아다닌다. 이것이 인생의 진실을 체득하는 방법이다.

_조주 종심 선사(778~897, 당나라)

때리면 스스로 쓰러져 버리네

한산이 습득에게 물었다.
"세상 사람들이 나를 비방하고, 기만하고, 욕하고, 비웃고, 깔보고, 천시하고, 싫어하고, 속이니, 어떻게 하면 좋을까요?"
"그냥 참고, 양보하고, 따르고, 피하고, 견디고, 공경하며, 괘념치 말라. 이렇게 몇 년이 지나 어떤지 한번 보아라."
한산이 또 물었다.
"혹 피할 수 있는 또 다른 방법은 없을까요?"
습득은 미륵보살의 게송으로 답하였다.
"이 못난 늙은 것은 다 떨어진 옷을 입고 그저 밥만으로도 배가 부르네. 떨어진 것도 기우면 추위를 막기에 그만이며, 모든 일에 연緣을 따를 뿐이라네. 어떤 이가 늙은 것을 욕하면 늙은 것은 그냥 그렇다 하고, 어떤 이가 늙은 것을 때리면 늙은 것은 스스로 쓰러져 버리네. 내 얼굴에 침 뱉어도 절로 마르도록 내버려 두니 나도 기력을 아끼고 상대방도 번뇌가 없네. 이와 같은 바라밀은 바로 오묘함 속의 보배이며 이 소식을 안다면 어찌 도를 마치지 못할까 근심·걱정할 것이 있으랴."*

_한산 스님(?~?, 당나라)

---

* 시집 《한산·습득》의 일부로서 한산寒山과 습득拾得의 시는 세상과 불교계를 풍자하며 달관적인 것이 특성이다.

그 외 다른 부처가 없다

부처님이란 중생들의 마음 안에 있는 부처님이다. 자신들의 근기 정도를 따라 부처님이 표현된다. 그 외에는 달리 다른 부처님이 없다. 일체 부처님의 근원 자리가 무엇이겠는가. 자신의 무명 번뇌가 본래 부처님인 줄 알라.

_이통현 장자(635~730, 당나라 화엄학자)

인생에서 돌아갈 곳

새는 날다가 지쳐야 돌아올 줄 안다. 인생에서 지치면 돌아갈 데가 있음을 안다.

_하쿠인 선사(白隱, 1685~1768, 일본)

지조와 진심

눈이 내린 뒤에야 비로소 소나무와 잣나무의 지조를 알고, 일이 어려워야 사람의 진심을 알 수 있다.

_허당 지우 선사(1185~1269, 남송)

산속도 시끄럽다

진리를 구하고자 하는 마음이 간절하다면 마음은 쉽게 고요해져 삼매를 얻는다. 그런데 마음이 고요해지기만을 기다렸다가 삼매를 얻고자 한다면 그 산속도 매우 시끄럽다.*

_영가 현각 선사(665~713, 당나라)

---

* 수행자가 바닷가에 살면서 파도 소리 때문에 수행이 안 된다고 산속으로 들어간다. 그러면 그 수행자는 산속의 새소리 때문에 또 수행이 안 된다고 불평한다. 어디에 처하든 (수행코자 하는) 마음가짐과 간절함이 중요함을 보여 주는 말로서, 이 점은 일반 사람들의 삶에서도 비슷한 이치라고 본다.

마음에 적합한 환경

어리석은 사람은 항상 자기 마음에 적합한 환경을 구하고자 하고, 지혜로운 사람은 어디에서나 자기의 마음을 환경에 맞추려고 노력한다.

_용아 거둔 선사(835~923, 당나라)[2)]

뼈저리게 경험하지 않고서는

한 가지 일을 (뼈저리게) 경험하지 않고서는 한 가지 지혜를 체득할 수 없다.

_운문 문언 선사(864~949, 당나라)

내일과 죽음

할 일을 내일로 미루다 보면 인생은 점점 끝나가면서 차츰 죽음에 다가간다. 어느 누가 내일을 장담할 수 있겠는가.

_밀라레빠 스님(1040~1123, 티베트)

무슨 손해 볼 일인가

세상 사람들이여, 오욕五慾의 세속에 살면서 정신이 피곤하도록 온갖 망상을 일으키면서도 일생 동안 조금도 번거롭게 여기지 않는다. 그러면서 잠자리에 들기 전 잠깐이라도 마음을 내어 언행을 반성하고 자신을 돌아보는 일은 귀찮다고 여긴다. 증자는 매일 세 가지 자신의 그릇됨을 반성했고, 송나라 때 조열도는 밤에 향을 사르고 하늘에 보고를 했다. 또 어떤 이는 검은 콩과 흰 콩으로 나누며 자신의 선·악 행동을 헤아렸다.* 자신에 대해 반성하고 참회하기를 옛 사람들은 몸소 실천했거늘 하물며 우리 자신의 선행을 기록하는 것이 무슨 손해 볼 일인가![3]

_운서 주굉 선사(1532~1612, 명나라)

---

* 하루 가운데 나쁜 일을 했으면 검은 콩으로, 좋은 일을 했으며 흰 콩으로 세어 자신을 반성했다는 뜻이다.

무상함을 깊이 들여다본다면

꽃 한 송이가 시들어 죽어 갈 때 여러분은 슬픔에 젖지 않습니다. 그것은 모든 꽃이 무상한 줄 알고 있기 때문입니다. 그러나 여러분은 사랑하는 이의 무상함은 받아들이지 못합니다. 그래서 그 사람이 죽으면 아주 큰 고통에 빠지게 되지요. 여러분이 만일 무상함을 깊이 들여다본다면 사랑하는 사람을 지금 여기서 행복하게 해 주려고 최선을 다할 것입니다. 무상함에 깨어 있을 때 여러분은 적극적이 되고 사랑하게 되고 그리고 지혜로워집니다. 무상함이 없으면 아무것도 가능하지 않습니다. 무상함으로 말미암아 변화의 문이 열리게 됩니다.[4)]

_틱낫한 스님(1926~, 베트남)

종교란 무엇인가

대원사의 현장 스님이 인도 다람살라에서 달라이라마를 뵙고 이렇게 물었다.

"종교란 무엇입니까?"

"종교의 핵심은 친절입니다. 지금 당신 주변에 있는 사람들에게 따뜻한 마음을 베푸십시오. 그것이 종교입니다. 깨달음에 너무 집착하지 마십시오. … 깨달음이 너무 강조되어서는 안 됩니다. 먼저 필요한 것은 자비입니다. 자비를 실천하며 살아간다면 깨달음은 약속되어 있습니다."[5]

_달라이라마(1935~, 티베트)

후기

이 책은 아함부 경전부터 선사들의 어록까지 그리고 근자의 북방불교 선사들과 남방불교 사야도Sayadaw의 법어집 등, 수십여 책을 참고로 해 만들어졌다. 필자가 학자로서나 작가로서 20여년간 준비한 강의 자료와 원고, 논문까지 수여 달을 뒤적였다. 필자는 긴 시간, 경전 관련 글을 쓰거나 에세이를 써 왔다. 이 책은 예전 원고와 중복되지 않아야 함을 지론으로 삼지만, 많은 이들에게 꼭 필요한 진리를 전하는 데 있어 몇 원고가 참고되었음을 밝혀 둔다.

참고문헌

거해 편역, 《빨리 법구경》, 고려원, 1992

정운 저, 《경전숲길》, 조계종출판사, 2013

　　　《도표로 읽는 경전입문》, 민족사, 2018

　　　《그대와 나, 참 좋은 인연입니다》, 담앤북스, 2017

성엄 저, 《마음의 노래》, 대성 역, 탐구사, 2008

미주

1) 정운 저, 《중국 근현대불교의 선지식-허운》, 클리어마인드, 2011

2) 지관 편역, 《신행일감》, 동국대역경원, 1990

3) 운서 주굉 저, 《죽창수필》, 연관 역, 불광출판사, 1991

4) 틱낫한 저, 《첫사랑은 맨 처음 사랑이 아니다》, 이현주 역, 나무심는사람, 2001

5) 일지 저, 《선 이야기》, 운주사, 1996

지금 나에게 답을 주는 고전 중의 고전
경전의 힘

초판 1쇄 발행 2018년 9월 30일

편역 정운

펴낸이 오세룡
기획·편집 이연희 정선경 박성화 손미숙
취재·기획 최은영 권미리
디자인 강진영(gang120@naver.com)
　　　　　고혜정 김효선 장혜정
홍보·마케팅 이주하

펴낸곳 담앤북스
　　　　서울시 종로구 사직로8길 34(내수동) 경희궁의 아침 3단지 926호
　　　　대표전화 02)765-1251　　전송 02)764-1251　　전자우편 damnbooks@hanmail.net
　　　　출판등록 제300-2011-115호

ISBN 979-11-6201-099-0 (03220)

이 책은 저작권 법에 따라 보호받는 저작물이므로 무단전재와 복제를 금합니다.
이 책 내용의 전부 또는 일부를 이용하려면 반드시 저작권자와 담앤북스의 서면 동의를 받아야 합니다.
이 도서의 국립중앙도서관 출판예정도서목록(CIP)은 서지정보유통지원시스템 홈페이지(http://seoji.nl.go.kr)와
국가자료공동목록시스템(http://www.nl.go.kr/kolisnet)에서 이용하실 수 있습니다. (CIP제어번호 : CIP2018026344)

정가 16,000원